NEW TO BIG

[美]大卫·S.基德
(David S. Kidder)

克里斯蒂娜·华莱士
(Christina Wallace)
著

李东 姜跃平 译

增长维艰

成熟企业如何实现持续增长

北京联合出版公司
Beijing United Publishing Co.,Ltd.

如果没有贝丝·康斯托克和
我们的联合创始人安妮·伯克维奇的想象力、鼓舞和支持，
这本书和 Bionic 都将不会存在。
这本书献给你们及整个 Bionic 团队。
我们的感激之情无以言表。

只要加入了 Bionic，
就永远是 Bionic 的一分子。

敬那些疯狂的人……
因为只有那些疯狂到认为自己可以改变世界的人，
才能真正改变世界。

——罗布·希尔塔宁（Rob Siltanen）

目录

	译者序	1
第1章	从新到大	1
第2章	简单回顾美国管理史	13
第3章	从TAM到TAP	29
第4章	增长领导者面临的挑战	47
第5章	发现未被满足的重大客户需求	79
第6章	像创业家一样验证	103

第 7 章	像风投一样投资	135
第 8 章	一切在于"人"	163
第 9 章	让增长成为固有能力	187
第 10 章	转入进攻模式	217

致谢　　225

术语表　　230

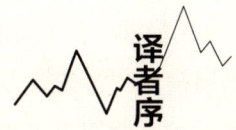

译者序

当今世界,唯一不变的是变化本身,而且变化的速度只会越来越快。近年来我们已经目睹了商业世界发生的深刻变化,一大批管理卓越、长期占据市场领导地位的大公司,如诺基亚、IBM、通用电气、宝洁、戴尔甚至英特尔,不知不觉之中就急速坠落,或者失去了往日的风光。而以新兴科技公司为代表的、富有并秉持了创业精神的企业,则能够长期保持快速的增长,在市值排行榜上取代了那些传统领袖企业的地位,如特斯拉、亚马逊、脸书、谷歌、腾讯、阿里巴巴,以及正在浮出水面的字节跳动、美团点评……

具有危机意识,引领或拥抱变化,目光敏锐,锐意进取,敢于冒险,快速和低成本地失败,专注于发现和创造客户价值——这些创业精神的内涵,你很可能已经耳熟能详,那些失败或失势的大公司当然对此也毫不陌生。然而知易行难。虽然有纳德拉扭转微软之乾坤这样的罕见案例,但几乎所有熟谙大公司运作的人,特别是亲身经历或目睹过其创新努力的人,无不扼腕而惜于其艰难复杂和几近必死,痛心疾首于只能眼看着大好江山日渐变色而有心无力。

正如本书作者所言,"过去是以大胜小的时代,现在是以快胜大的时代"。是大公司面对这种大变局缺乏认知吗?是它们无动于衷吗?抑或没有为转型或突围付出像样的努力?似乎都不是。

哈佛大学商学院的克莱顿·克里斯坦森(Clayton Christensen)教授在其1997年出版的经典著作《创新者的窘境》(中译本出版于2001年)一书中已经尖锐地指出,原有模式在过去越成功,运行时间越长,思维和行为的惯性越大,企业越容易陷入惰怠,创新越难。他于2003年推出了第二本书《创新者的解答》(中译本出版于2010年),从市场、产品、周期性、组织等方面提出了突围建议。

近年来,国内外很多机构在努力帮助企业应对这个挑战,除了"传统"的赋能者,如商学院、战略和管理咨询公司,各种形式的创业训练营、自媒体如雨后春笋般涌现——据译者观察,其消费主体是无数忧心忡忡甚至忧心如焚的传统企业的领导者,很多企业甚至把自己的中高层管理者都送到了培训或演练场上。与此同时,很多企业先后开展过轰轰烈烈的创新或转型战役,但鲜能培育出可持续的、系统性的创新能力。

20多年过去了,情况似乎没有明显的好转。本文开头提到的案例如此之多且如此一致,以至"大公司不能创新"已经成为业内默认之共识。近年来,鲜有像样的药方直面"大公司如何创新"

这一顽疾。而本书的出现，可以说弥补了这一市场空白。

本书并非革命性的理论创新，实际上，书中的主要概念、理念、原则，与《创新者的解答》等书颇有重叠。但本书提出的框架和方法更完整，更有实战意义。这得益于作者本身就是连续创业者，且有帮助几十家成熟公司建设体系化的创新能力的实战经验。

例如，本书突出强调了如何调整人力资源政策以支持创新业务。其中，作者提到，很多企业把创新型人才抽调到创新项目里后，仍然由原主管按照原绩效标准评估其绩效；更多企业忽视了为投身创新项目的员工解决"如果项目失败了则无退路"的后顾之忧。这样重要但并不明显的现实问题，如果作者没有丰富的感触是很容易忽略的。对企业管理者和从业者来说，本书也因此更具可操作性。

本书并不是包治顽疾的灵丹妙药——毕竟一家企业的创新能力的建立，依赖自CEO以降的有效实践。也许这只能给你带来1%的改变，但鉴于创新这个问题对企业的影响如此之大，哪怕是1%的进展，都值得你掩卷而思，并勉力行其一二。

从整个社会效率的角度而言，由于大公司掌握了大部分的社会资源——资金、人力、政策支持甚至是特许经营资格，它们在创新方面的每一点提升，都意味着巨量的社会资源会更高效地发挥其应有作用。因此，翻译出版此书的意义尤为重大。

"从新到大"的这套方法，对新创业企业也有非常大的借鉴意义。本书同样适用于创业者，书中的一些重要观点和方法，如市场容量，可以让创业者明确自己的目标客户是谁、市场容量到底有多大、解决问题的服务和产品到底由谁来买单。很多创业者之所以不能使企业快速成长，通常是没有看清目标客户，没有看清市场容量，也没有看清解决方案的独特性，因此招致失败。

　　最后想指出的是，虽然本书所用案例、场景和话术都是针对商业企业的，但本书也适用于商业之外的领域，如政府机构、学校、医院、大型 NGO 组织……实际上，它们可能比商业企业更容易出现低效、僵化、惰怠和停滞等问题，而其病因也基本一致。

　　本书的中文译作出版是一个偶然事件。2019 年 10 月，译者在纽约肯尼迪国际机场的书店发现了此书，大致翻看后，觉得有必要将此书翻译介绍给中国的企业人、创业者和各界人士。特别感谢蓝狮子的大力支持和协助。让我们一起继续努力！

李　东　姜跃平

2021 年夏

NEW TO BIG

第 1 章
从新到大

How Companies Can Create Like Entrepreneurs, Invest Like VCs,
and Install a Permanent Operating System for Growth

"如果如此重要的合作伙伴关系破裂了,你会怎么做?"

这个简单的问题像一记寸拳,来自两位受人尊敬的成功风投家马克·安德里森(Marc Andreessen)和本·霍洛维茨(Ben Horowitz)。他们正在对我成立了 4 年的创业公司 Clickable 进行 C 轮投资前的尽职调查。说实在话,我不知道该如何回答。我从来没想过会发生这种事,于是当下我竭力让自己快速思考。仿佛在暗示什么,就在我努力控制自己的焦虑时,大家都紧张地笑了起来。

作为一个创业者,在过去的 20 多年里,我通过不懈努力取得了一定的成功:我创立了几家风投支持的初创企业,我已经融到了超过 5000 万美元的种子基金和成长基金,我还有过两次成功退出的经历。但是 10 年前,在马克和本这一激进又坦诚的提问面前,我愣住了,意识到我已经在建立我钟爱的初创公司的过程中,做出了不可逆转的致命决策。

Clickable 是搜索和社交营销空间领域的先行者。我们已经发现了一个真正的痛点:数字营销从业者要管理太多的平台,但是他们对这些平台的了解又太少，不足以产生真正的行为上的改变。于是我们开发了一款叫"行动引擎"（Act Engine）的工具，还申请了专利。这款工具如同一个仪表盘，可以用早期的机器学习技术监测搜索引擎和社交营销类活动，让营销从业者能够更清晰地掌握每天的要点。

我们在正确的时机找到了合适的痛点，所以迅速融到A轮和B轮共2200万美元资金，投资方都是世界著名的风险投资家。可是从很早开始，我们就意识到我们的产品与市场并不匹配。需要我们产品的，实际上有两类客户：占据大部分线上营销费用的大企业和有着同样痛点的小公司。而这些小公司并没有多少钱购买我们的方案。

选择显而易见——我们应该瞄准大公司。任何创业者都会告诉你，他们的理想客户是"有需求的富人"。可是我们最初的收入来自小公司，所以我们不情愿放弃它们而转向大公司。结果，我们陷入了"丑陋的青春期"：我们的成长率达不到下一轮融资所需要的预期数字；同时，我们在快速"烧钱"。这就是一个典型的初创公司两难困境。

所以，当一家《财富》100强的金融服务公司在2009年找到我们，试探达成战略合作的可能性时，我们把这个机会当作是应对业务增长挑战的灵丹妙药。该公司想要构建一整套针对中小型企业的数字营销解决方案，我们的"行动引擎"完美地匹配了其战略意图。该公司花了一大笔钱，聘请了著名的咨询公司来分析并推荐一家领先的技术伙伴，这家咨询公司选择了Clickable，于是它和我们建立了数百万美元的战略合作关系，启动了一个针对小企业客户的产品，该产品其实是我们平台产品的白标版本。毫无悬念的是，他们得到的客户反馈正如我们早期客户的反应：客户试用了产品，他们喜欢这款产品，可一旦免费试用期结束，他们就放弃使用，因为他们用不起付费版本，"你能买到的最划算的产品"这个标语并不成立。战略合作关系非但没有解决我们的问题，相反，还扩大了问题。这点正是马克和本在提问时已经预料到的。作为连续创业者和投资者，他们曾经历尽艰辛，积累了宝贵的经验和我们极度需要却并未拥有的关键答案。

我深信，我们依然可以重启 Clickable 的增长，于是我开始着手向最优秀的在世的创业者们学习，以寻求答案。我想弄明白世界上最成功的创始人是如何决定把他们的一生押注在某项业务上的，以及在初创的 5 年里他们是如何让公司活下来并走向兴盛的。最初，我和一些创业者进行了一系列对话，对谈者包括特斯拉创始人埃隆·马斯克（Elon Musk）、领英创始人里德·霍夫曼（Reid Hoffman）、内衣品牌 Spanx 的创始人萨拉·布莱克利（Sara Blakely）、共享经济公司 Zipcar 联合创始人罗宾·蔡斯（Robin Chase）、美国在线的创始人史蒂夫·凯斯（Steve Case），还有另外 40 多位出色的创始人，对谈后来结集成为我的前一本书《创业脚本》（The Startup Playbook）。

我从他们身上学到的是：尽管每个创始人的创业之旅都很独特，他们的思维模式却几乎相同，他们探究客户问题根源并把解决方案变成规模化业务的视角也如出一辙。我把这些提炼为一个叫作"五大视角"的框架（本书第 7 章将详细探究其中三个视角）。

多数创业者会告诉你，最好的想法和最大的机会通常是某人在正确的时间、正确的地点发现的。对本书来说，这个时间和地点的组合是 2010 年的 TED 大会。我当时正在和时任通用电气高级副总裁和首席市场商务官的贝丝·康斯托克（Beth Comstock）一起吃早餐，当时距离我终于卖掉 Clickable 还有两年。

贝丝和我是 10 多年的老朋友，在 TED 大会时共进早餐也成了我们的一项年度约会。我们在 TED 大会有机会和各种专业人士相聚，在听最才华横溢的艺术、科技和政策领域的专家们演讲之余，还能享受家庭之旅。我当时正描述《创业脚本》里的五个视角，贝丝打断我说："我们通用电气需要这方面的学习。"

她一直都在大企业里扮演着颠覆者的角色，引领着企业数字化转型的努力（包括监督创建视频网站 Hulu）和环境影响方面的工作（包括开展"绿色创想"计划），还担任了首席商务官的角色。她比其他任何人都更了解大企业努力变得更有创业家精神，并让增长的思维方式和体系有效落地的难点所在。"来吧，和我一起在通用电气建立这套体系。"她坚持道。

我犹豫了。我是个创业者，不是咨询顾问。在当时，我对 Clickable 的团队和投资人有很多的个人层面及道德上的承诺。我要带领团队冲到终点线，不管付出什么个人代价，不管还有多少时间，所以我把贝丝的提议暂时搁置了。两年后，当 Clickable 已经被出售，就在我出版《创业脚本》一书的前几个月，贝丝邀请我参加了她在通用电气全球领导力大会（在美国佛罗里达州波卡瑞顿）上主持的一个主题研讨环节，我担任嘉宾之一。

我 4 次创业和作为天使投资人投资过 30 多家初创公司的经历，让我学到一点：表面看来，震惊世界的商业机会似乎是偶然出现的，实际上它们被发掘并规模化的过程是有方法论的。正如 MBA 课程教授的是如何管理和发展现有业务，而创业与风险投资则是关于如何发现和建立新业务，两者背后都有系统的思路和方法作为支撑。

上述两套方法论，大企业都需要，这很关键。这两套方法论创造的生态系统，推动了业务创新，甚至可能进而改变世界。这就是我从Clickable的创办过程及我们与那家《财富》100强企业历经艰辛并付出了沉重代价的合作后，获得的宝贵见解。这是多么难得的礼物啊！我需要在通用电气全球领导力大会上和大家分享。

挑战在于，在一个传统的大公司环境里如何介绍这一套新观念、新体系。现有的公司都聚焦于依靠优化流程和提高销量来获得增量，它们采用的MBA式的方法论，擅长于把一项大业务变得更大。打个比方，我们可以把这种MBA式的方法论当作"从大到更大"（Big to Bigger）这一企业运作系统的工具箱。与之相反，企业家和风投家设计并校准的这一整套思维方式、机制和方法论，是为了发现新的客户需求，并为之设计创新的、前所未有的解决方案。这是"从新到大"（New to Big）这一企业运作系统的工具箱。

贝丝一直在讲述的，是通用电气想要在自己的"从大到更大"的系统内创新的努力，这个问题实际上困扰着每一个大组织和大企业。公司的创新在DNA层面上就失败了，因为"从大到更大"的系统构造和"从新到大"的系统并不兼容。实质上，前者与业务增长是矛盾的。真正新锐的想法往往太过冒险，太过模糊，太不符合共识，因此根本无法在"运转良好"的公司中通过投资回报率指标和评估流程的考验而存活下来。

Bionic公司诞生于这次通用电气的会议。它的诞生并非刻意，而是起源于一个激起了巨大争议的问题。在贝丝那个讨论环节快要结束时，她出乎预料地问我们3个台上的嘉宾：是否有什么从局外人角度想问通用电气的问题？我在台上即兴问了时任CEO杰夫·伊梅尔特（Jeffrey Immelt）一个问题。他坐在台下前排正中，身边围绕着 700 多位高管。我问："杰夫，去年通用电气投资启动了多少家 5000 万美元规模的初创公司？"房间里有种让人不安的骚动。"我猜答案是零。"我接着说，"如果真的是这样，换我在你的位置上会觉得害怕。公司有 900 亿美元存在银行里，公司有 30 万雇员，怎么这类投资却一直没有发生？"

场内的沉默令人窒息。

最后，同样被震惊的贝丝用俏皮话打破了房间里的冰冷氛围。她说道："告诉我们你的真实想法吧！"我走下台时，观众们礼貌性地鼓了掌，我当时深信——我这 3 小时不经意的"思想引领者"经历已经画上了句号。然而，杰夫在给大会做总结的时候，勇敢地宣称："这是领导力大会历史上最重要的问题。"

离开波卡瑞顿之前，我已经同意和贝丝成为搭档。接下来的一年里，我在通用电气的首要工作就是和杰出的思想领袖埃里克·莱斯（Eric Ries）一起发表一系列的主题演说，谈业务增长和创业思维。莱斯当时试图把他的精益创业框架扩展到大公司场景。此项工作作为 Bionic 的"验证方法论"（Validation methodology）的早期版本，快速扩展到波音公司和泰科（Tyco）①。这个方法论类似于一个基于精益测试机制的初创公司加速器。

随着越来越多的企业客户希望得到这样的帮助，我觉察到有必要建立一种更扎实的"从新到大"的操作系统（Operating System，简称 OS）。因此，我和企业家安妮·伯克维奇（Anne Berkowitch）、瑞克·史密斯（Rick Smith）及几个我在 Clickable 的核心团队成员一起创立了一家新公司 Bionic，来创造这套操作系

---

① 泰科是全球最大的消防安全专营公司之一。——译者注

统。在过去 6 年里，我们和超过 12 家企业伙伴展开了合作，其中有花旗（Citigroup）、宝洁（Procter & Gamble）、耐克（Nike）、爱克斯龙（Exelon）[①]、微软（Microsoft）等。我们与超过 75 个同行创业者、早期投资人和充满天赋的产品开发者通力合作，来帮助 Bionic 一起推进、改善我们的增长操作系统（也叫增长 OS）。增长操作系统把创业的思维方式、工具、平台与风险投资相匹配，来支持一个生态系统，这个生态系统提供了大企业所需要的初创公司般的速度、成本和竞争力。它已经成为一家大企业解锁增长密码的强有力的综合解决方案。

在这 6 年里，我们成功地把增长操作系统植入十几家《财富》500 强企业伙伴公司。我们想分享给大家一些核心见解，任何追求成长的人，不管你是来自大公司还是区域性的非营利组织，不管你是一家成熟中小企业的 CEO，还是一个想了解是什么让高管们夜不能寐的中层经理，相信这些见解都和你有关。

以下是一些代表性的问题：

大企业搞创新注定要失败吗？

一句话回答：不是。

大企业需要认识到，它们需要另外建立一套"从新到大"的系统，去和原有的"从大到更大"的系统协同合作。"从新到大"负责发现、验证、培养新点子，把它们变成 5000 万美元左右的新业务。"从大到更大"则接手这些业务，让它们走向规模化，使

[①] 美国最大的核电公司。——译者注

之带来5亿美元或者更大的收入规模，同时发挥公司的客户、制造、分销和品牌的效应——这部分才是"从大到更大"的核心强项。归根结底，"从新到大"成功与否，第一责任人是CEO。这不是资金、点子或者人才的问题，而是授权和主人翁精神层面的问题，必须自上而下。

应该如何用"从新到大"系统来规划业务增长？

我的回答可能让你吃惊：规划不了，至少无法像多数人想象的那样做出线性、蓝图式规划。必须先发现增长点，然后你再用我们常说的资产组合分析法找到能通向它的航道。

未来的技术、趋势和市场，我们尚不了解，其变化速度之快是传统的商业规划路径难以跟上的。未来和过去可能截然不同，所以依赖旧的专业知识、数据和过时的经验、认知，只会导致代价惨重的失败。与其把大量资本沉淀在少数创新项目上（也就是大家常说的堆架式规划，rack-and-stack planning），公司不如拥抱分布式组合的力量，将资本拆分为数以十计的小赌注进行布局，用我们提供的发现和验证工具来探索最终哪些项目会成功。天使投资人和风险投资人天生就精于此道，大公司也可以采用他们的方法。归根结底，这是在比学习的速度，谁学得最快，谁就是赢家。

可以把"从新到大"的方法论用在某公司已在开发的产品和服务上吗？

我的回答是：可以。但是你要做好心理准备，有一天你可能得知，你需要毙掉此项产品或服务（哪怕它们已经问世了）。

首先，你得确保这个已经在开发的产品或服务能解决客户的问题，而不是解决你自己的问题。能创造新市场的创新不是关乎"你"的，而是关乎你的战略定位需要的问题和需求。所以你要打破自身的束缚，关注新的客户行为、不断变化的市场因素、新的技术潮流，这些才能界定你将要创造什么及如何创造。你必须改变方针，把"从内向外看"变成"从外向内看"，这样才能发现增长点。在向内的、共识驱动的价值体系内，你永远也找不到颠覆式增长的机会。

你在本书中看到的所有内容都基于我们的研究和决策科学，我们的顾问和合作伙伴的专业知识，加上我们自己和《财富》500强公司合作的一手经验。我和团队成员都希望创造一种工具或产品，能捕捉我们的想法，用平实的语言表达出来，为我们的读者赋能。我们希望所有读者能深思熟虑，能尝试、试验，把其中的原理用真正合适的方式用在自己的组织中。本书的作者是Bionic团队，并经过我的伙伴克里斯蒂娜·华莱士（Christina Wallace）的精心总结和编排。

总体而言，我们努力让写作水平能保持相当高的水准，但是我们也不愿意让太多的细节阻碍你的阅读。我们为你提供脚手架，让你自己决定该如何搭建适合自己组织的结构。我们深信，重塑标杆式的公司——包括在这些公司里培育下一代的增长领袖——是当代最有意义的机会和最大的领导力挑战。这才是我们成立Bionic的初衷。在书里，克里斯蒂娜和我为你提供了工具，我们鼓励你用适合自己的商业模式和增长方式来应用这些工具。

如果你想更多了解为何真正开辟新市场的创新在所有行业的

大企业里都很困难，你可以深度阅读第2章内容。如果你想尽快了解更多解决方案，那么可以跳过第2章，直接读第3章。第3章里，我们将列出你需要在自己组织内推动转变的首要思维方式。

不管选择哪种读法，我们都欢迎你的阅读。希望书中的内容于你而言将是强有力的、学得会的、能启发灵感的工具，并能帮助你获取一种持续的增长能力。欢迎探究"从新到大"的魔力。

第 2 章
简单回顾美国管理史

2001年市值最高的公司榜单上，蓝筹股一统天下。通用电气、微软、埃克森美孚、沃尔玛和花旗集团，这些公司的管理者擅长效率提升、优化管理，他们把公司原有的业务持续改善做大，获得增长。让我们按下快进键，来到现在，现在市值榜单上的公司已经截然不同了。到本书写作时，苹果、亚马逊、Alphabet（谷歌的母公司）、微软和脸书名列榜单的前几位，腾讯和阿里巴巴紧随其后。这些公司中的大部分创立时间不长，通常由创始人掌舵。勇于开拓的第一代企业领袖们推动着这些企业前进，他们总是把新的增长点放在首位，而不是把核心业务效率放在首位。

从2001年到现在，其间导致榜单排名变化的事件颇多，但大的趋势是不容置疑的。市场目前更青睐这些先锋企业，并支持它们的远见和对新增长点的持续投资。大企业也试图回应这些变化趋势，主要的手段是采用初创企业的一些方法，比如精益实验、设计思维和敏捷开发。可是，聚焦于模仿这些创业方法本身还不够，如果领导层的思维方式没有根本的改变，那仅仅是在一个伤口上暂时贴上创可贴，治标不治本。

在我们探求新增长的更好路径之前，我们必须理解，追求效率的思维方式是如何一步步地统治商业世界的，以及这种思维方式的统治为何并不像人们以为的那么高效，更不是企业管理的唯一选择。

资本主义即爱国主义

19世纪晚期的美国私有企业，主要是由创建它们的家族来经营的。在卡内基家族和洛克菲勒家族统治全球的时代，家族企业的后代不管兴趣如何、能力如何，几乎都会从父辈手里接棒，继承利润丰厚的商业帝国。低阶的雇员当然需要外聘，但顶层的管理者永远是家族成员。

尽管现在听起来有点离奇甚至令人怀念，可是当时不管是家族企业还是社会化企业，都肩负着必须造福社会的责任感。因为美国政府创造了企业成长和繁荣的肥沃土壤，全社会都期望那些受益于这种良好环境的企业心怀感恩并懂得回报。因此这些企业都设计了好像生来就要兼顾员工、客户和股东利益的机制。

这种观点十分普遍，甚至这些控股家族开始把一部分经营权交到职业经理人手中时，也是如此。但是，到了20世纪30年代早期，经济学家开始主张管理权和经营权的分离，认为这才是企业长期成功的基础。随之而来的时代被称为"管理资本主义"（managerial capitalism）时代，大型企业的领导者从公司的创始人和拥有者演变成了受雇的职业经理人。

这一批新出炉的CEO和高管，大多数把提高自己所在公司的效率视为首要目标。从20世纪30年代到50年代，美国经济的资本供给非常有限，这意味着公司领导者要把每一美元的投入都榨出最大的效用。商学院教导经理人——丰富而便宜的资源可以随便用，但是对稀有、高价的资源则要统筹使用、精打细算。流动资金在当时很稀少，所以只有带来可观回报的投资才算是成功的，这种成功不是直接用挣到多少美元来衡量的，而是用一些比例和指标——比如净资产回报率（RONA）、已动用资本回报率（ROCE）和内部收益率（IRR）——来衡量的。浪费成为管理的大敌，而效率是管理的最终目标。

然而即使企业的领导架构和首要目标发生了上述改变，美国企业的核心价值观念依然很坚实。整个20世纪50年代后期和60年代，大公司们在自己的地盘上建造工厂，投资在真正有所创新的项目上，大量生产改变百姓日常生活的产品，创造了百万计的就业岗位，助推了中产阶级的产生，同时也带来数十亿美元的税收。这些公司满怀激情地运转着，在各个方面造就并巩固了美国的经济。每个CEO都拥抱和捍卫着这套经营哲学。

可是经济学家们开始不满意了。他们的新态度改变了一切。

转向股东满意度

1967年，经济学家约翰·肯尼思·加尔布雷斯（John Kenneth Galbraith）出版了经典作品《新工业国》（*The New Industrial State*），加速了商业世界的改组。在这本书里，他指出美国的大型公司已经太过强大，它们已经不再致力于真正满足公众和消费者的需求。他认为，这些公司通过操纵人心的广告来创造有利可图的市场，推动销售，它们聚焦于积累现金，而不是致力于解决客户的问题。加尔布雷斯播下了对美国公司不信任的种子，但是因此发芽生长出的结果却令人大跌眼镜。

另外两个经济学家迈克尔·C.詹森（Michael C. Jensen）和威廉·H.麦克林（William H. Meckling）也对美国公司表示强烈不满，但是他们代表了另外一个群体的声音。加尔布雷斯要求公司高管对客户和美国公众负责，但詹森和麦克林相信高管应该首先对公司股东负责。要理解其中缘由，我们需要把时钟拨回到几十年前。

美国经济在第二次世界大战后迎来了万众期盼的繁荣时期。在这段黄金岁月里，很多公司获利丰厚，它们根本不用去选择优先取悦哪个群体。股东、雇员和业界都很开心，大家都得到了足够丰厚的回报。但是到了20世纪60年代后期，全球化浪潮和政府监管的弱化开始对美国经济产生巨大的冲击。竞争变得激烈了，公司利润率也随之降低，高管们无法像以前那样轻而易举地让大家都满意了。最终，作为权宜之计，他们决定与其让员工和客户失望，不如让股东们失望。

到了20世纪70年代中期，在经历了10年左右的利润低迷甚至亏钱后，股东们的失望转化成了愤怒。投资者不愿再忍受一直赚钱的股票突然不再值钱，而企业似乎对这种状况无所作为，无力纠正，更让他们感到愤慨。有影响力的经济学家们感受到了这种不满情绪，他们开始呼吁企业界调整其服务的优先次序。

1976年，詹森和麦克林在《金融经济学》（*Journal of Financial Economics*）上发表了一篇爆炸性的文章，题目叫《公司理论：管理行为、代理成本与所有权结构》。这篇文章对管理资本主义的整套哲学发出了愤怒声讨，如今已经成为一篇传奇式的檄文。这两位经济学泰斗声称,任何为服务客户需求、奖励职业经理人而建立的企业,都在毁坏经济。他们进一步指出,这些机构在逃避为股东创造利润的责任。

指责还没有到此为止。詹森和麦克林认为,股东不能任由CEO和经理人代表自己来管理公司,因为他们太过沉浸于自身的经济利益。加尔布雷斯在《新工业国》里也支持这个观点,他指出,绝大多数公司专注于不断改进自己的产品,而不是提升股票价格。不管公司是生产汽车、奶酪还是电路板,高管们都没有为股东挣更多钱的动力和策略。高管们在公司日复一日地工作,目标只是努力生产更多更好的汽车、奶酪和电路板。这就意味着,实质上没有人在关注股东的利益。

这番声讨回响日隆。很快,越来越多企业的股东开始要求提升公司在股票市场的表现。CEO们意识到,他们需要让"股东价值最大化",否则就可能失去自己的职位。高管们的观念改变了,他们相信自己应该优先满足股东的需求,努力为股东工作。到了20世纪80年代,公司董事会开始致力于让管理层和股东的利益一体化,常用的激励手段就是给高管们发放基于股票表现的奖金。一度被忽略的股东,现在变成了掌握话语权的、强有力的经济势力。

美国康奈尔大学法学教授琳恩·斯托特(Lynn Stout)在2012年出版了著作《股东价值的迷思》(*The Shareholder Value Myth*),她认为:其实法律并没有相应的条款来强制高管优先满足股东的期望。高管承诺效忠公司本身,他们的行动要符合公司的利益。在公司履行了其他财务义务后,公司的股东是有权享受剩余价值的。但是,没有哪一条法律规定公司的管理层必须要积极努力地促使公司的剩余价值得到提升。因此,"股东利益优先"

这个转变不是白纸黑字的规定，而是 CEO 和投资者（股东）之间达成的默契。这种默契一直延续至今。

增长的幻觉

这个重大的转变不仅影响了经济，也改变了股票市场。在 20 世纪 60 年代，大约 10% 的美国家庭控制着市场上大约 90% 的股票。但到了 80 年代，企业讨好股东的大势使得退休基金、共同基金和机构投资者不断增持企业股票，他们控制了 60% 的股票。不仅如此，对高额回报如饥似渴的对冲基金改变了投资的整个玩法。在 60 年代，人们一般会购买股票并长期持有。在纽约证交所，股票被买进和卖出的比率，即所谓的换手率，保持在每年仅仅 20% 左右的低水平上。但是，由于对快速获利的关注和对季度财务指标的痴迷，换手率在 80 年代快速攀升，超过了 70%。平均每只股票被基金经理持有的时间仅有 12 个月。如果哪个股票在当季没有漂亮的表现，基金经理就会毫不犹豫地抛弃它（抛售股票的现象越来越常见，到了 2015 年，换手率已经高达 150%）。

这就意味着，在公司内部，领导人被逼着不断拿出短期的漂亮成绩单，以不断增加股东的回报。

在这种压力的笼罩下，为消费者提供最佳解决方案，对雇员、供应商及社区履行责任，这些重要议题都从公司领导层的集体雷达上消失了。任何无法带来股票价格提升的行动都不能获得优先考虑，最终会被管理层忽略、放弃。

管理层依然在用衡量效率的比例指标来衡量绩效，但是，他们找到了一些巧妙的手段来操控数据，让数据"为我所用"。因为净资产回报率、已动用资本回报率和内在回报率都是分数，所以他们可以玩数字游戏，通过改变分子或分母来改变这些比例指标的大小。公司利润提升当然能增加分子，让净资产回报率或者已动用资本回报率提高，但是新增长很难获得。相比之下，降低成本就容易多了。所以，越来越多的高管开始很自然地力求降低成本来让分母变小，这一样能达到增加回报率的效果。内在回报率也一样，可以通过增加利润分子来获得，也可以操纵某些项目达到快速降低分母的目的。这套聪明的算计全然合法。它意味着公司不必获得真实的利润增长，就能满足股东对回报的集体渴望。管理层只需要找到"巧妙"的方式来压缩开支，就可以提升这些回报率。

在六西格玛管理法诞生后，对效率的追求从原本的强调和重视，演变成了一种狂热。六西格玛法可以追根溯源到德国的数学研究，并在"二战"后的日本重建过程中得到了显著改进。这套方法在1986年被摩托罗拉的管理层采用，后来变成一套极其流行的管理方法。六西格玛管理法推动高管聚焦于用统计分析和可衡量的流程优化来改进管理，而不是靠推动创新在市场上开疆拓土。等到历史走进20世纪90年代早期时，越来越多的企业开始采用这一套管理方法，使得效率提升的热潮愈演愈烈。企业管理越来越内卷，高管下定决心要更节约成本从而提升股东价值，真正的创新和消费者痛点却乏人关注。

起初，经济学家们相信，这一群对效率痴迷的领导层会带来不停歇的创新。可是，由于季度业绩压力越来越大，所有创新的能力都被引导到了如何对现有的体系动手脚上，公司高管只求让企业更有效率，更出利润。结果是，领导层、股东和基金经理们开始把企业当成一堆财务资产,而不是一群不断创新、不断满足客户需求的人。当公司的真正价值被熬干,只剩下资产时,当然没有人首先关注客户满意度或者产品了。他们眼中能看到的,只剩下财务报表。在他们看来,既然现有市场能挤出利润,何必花钱探索和研究新市场呢?

到头来,股东压力不仅仅鼓励着企业每个季度持续改善财务数据,还"积极"地阻碍了研发和探索,阻碍了创新和新增长点的诞生。问题不止于此。聚焦于提升股价,实际上并没有真正产生股东想要的结果。统计结果显示,这一时期的股票回报率比提倡"股东价值优先"前,反倒降低了。

各类企业都竭力提升股东回报,在着力优化流程的同时,却自废了创造力,最终还是交不出令人满意的答卷。来到数字化时代后,互联网从根本上改变了小公司触达客户的能力,新的商业模式最终把我们长期以来对成功、获利和增长的信条打得粉碎。商业周期加速了,让人炫目的速度终于让不少大企业感受到了被无情抛下的风险。

初创企业引发的地震

现在我们的时空之旅渐渐走到了大家熟悉的年代,这个阶段的大事件我们基本都见证过。可是,我们还是先简单总结一下,以便大家的进度一致。

从20世纪90年代晚期开始,互联网和技术公司数量激增,且取得了巨大的成功。电子商务成为大规模增长的推动力,在线零售商开始通过网络销售一切:书、鞋、食品、服务……投资者对这个新市场激动万分，他们如饥似渴地抓住此类股票频繁上市的机会挣钱，纳斯达克指数节节攀升，很多人一举暴富。可是，到了2000年3月，互联网泡沫破灭了，几十家（甚至更多）华尔街的宠儿公司一夜倒闭。这一现象的背后有不少原因，但主因是这些公司并没有合理的商业模式。投资者其实是在赌博，赌这些初创公司最终能够盈利，但是这些公司还远没有到达盈利状态时，市场已经到达了不堪重负的临界点，垮塌了。

虽然是以灾难性的后果收场，但这波互联网泡沫也为未来的重要变革奠定了基础。在其后的10到15年里，创业者们学会了如何快速构建并扩大一个新业务。他们能把会议室白板上涂抹的一个点子变成现实，带向市场，其速度是上一代创业者无法企及的。他们紧紧聚焦于发现某项客户需求或者某个痛点，然后就设计出一个产品或服务，用一种全新的方法来解决问题。他们避谈股东回报，更关注功用和创新。他们无所畏惧地投入新市场，用很少的资金掀起大浪。科技公司和互联网初创企业改变了商业世界的游戏规则，而且在大多数情况下，把商业世界变得更好了。

正如我们在本章一开始提及的，2001年市值最大的5家公司是通用电气、微软、埃克森美孚、沃尔玛和花旗集团。到了2018年中期，市值前5名的公司是苹果、亚马逊、Alphabet、微软和脸书。看到名单的变化，我们不难理解大势。传统大企业跌出榜单，现在的榜首公司全部是科技公司，都在致力于解决客户问题，而不是实现投资者价值最大化。

你也许注意到：微软在2001年和2018年两个榜单上都排名颇高，值得一提的是，在2001年和2018年之间，微软一度跌出榜单，但是目前，微软又实现了重生，再添辉煌，这全归功于新一代领导人。

2000年，微软创始人比尔·盖茨退休，保守的管理者史蒂夫·鲍尔默（Steve Ballmer）接过了CEO位置，微软从此失去了魔力。在其他科技公司一路飙升的时候，微软却长期徘徊，只推出了一堆跟随性的产品，对已有的挣钱产品（如现金牛产品Windows和Office）也消极地采用了保护主义的态度。2014年，公司任命了新的CEO萨提亚·纳德拉（Satya Nadella）。新任CEO信念坚定，而且能用建设初创公司般的激情来率领这个行业巨头。萨提亚·纳德拉仅仅用了几年的时间，就把微软这艘航空母舰带入了正轨。他和前任相比，究竟有何诀窍？答案是：思维方式的改变。

2015年，纳德拉接受美国科技媒体网站The Verge专访，他的观点是："我们已经不再谈论那些过时的成功指标——比如收入和利润等，什么是成功的首要指标？是客户的热爱。"纳德拉在他的专著《刷新：重新发现商业与未来》（*Hit Refresh*）中，阐述了自己的策略：鼓励激动人心的新点子，为员工的创新尝试提供空间，宽容他们的失败，关注长期目标，而不是为每个季度的收益表现焦头烂额——这马上就令人联想到创业公司的哲学。纳德拉接手的这家公司最初也是家创业企业，然后逐步成长为转身艰难的巨兽。现在微软要做的是转型成有企业家精神和策略的成熟企业，让两种特质的杂交优势显现出来。2017年以后，微软每个季度的利润都有两位数的增长，这充分显示出纳德拉的策略奏效了。甚至可以说，纳德拉已经成功地重塑了微软。

应该有更多的CEO向纳德拉学习。增长引领型CEO不能仅仅从现有业务的无止境优化中挖潜，而应该用好公司的资产来打造新产品，杀入新市场，提供下一代的解决方案。当一个老牌领导企业的 CEO 具备了这样的增长思维方式，令人惊叹的变化就一下子成了可能。

未来已来

每年，美国最大的投资管理集团贝莱德（BlackRock）的创始人拉里·芬克（Larry Fink）都会给他的客户写一封信。2016 年，他在信中对 500 多位公司 CEO 说，他已经不愿意再投资那些用回购等短期手段来刺激股价的公司（此类行为直到 20 世纪 80 年代初都是不合法的）。拉里·芬克说，他宁可把当时管理的 5.1 万亿美元投资在那些真正痴迷于客户价值的公司身上。

拉里·芬克在 2018 年让他的论调更上了一层台阶。他在当年的股东信中坚称：不管（企业）拿出多么出色的财务表现，都不足以吸引他的投资。他想投资的企业，都要服务于某种社会目的。不过，他也坚持说他这么做并不是抛弃资本主义，而是因为美国总体氛围的变迁和在税收、移民和少数性别认同等方面的政策变化，没有使命感的企业"最终会失去核心股东的支持"。哈佛大学肯尼迪学院社会创新和变化计划的创始人和讲席教授朱莉·巴蒂拉纳（Julie Battilana）的研究显示，那些关注社会问题的企业，它们的市场表现实际上比那些仅仅关注股价的企业更好。

所以说，今天的企业不仅要关心客户价值，还应该表现出对社会的贡献，并能扛住华尔街对季度财务数据的压力。难怪，它们都在绝望地寻找一条新出路。

这些新要求催生了新的问题：该如何为公司的未来 10 年、15 年制订规划？该如何发现新的客户问题和客户需求，以便找到企业的独特定位？该如何打破渐进式增长的循环，重新点燃创新热情？我们的回答是：采用全新的管理方式，以客户价值为中心，应对充满未知的市场。

在《精益创业2.0》（*The Startup Way*）一书中，精益创业的首席倡导者埃里克·莱斯认为，初创企业是从事高度未知领域工作的原子单位。初创企业的精神内核是一种发现、验证并解决客户问题的工作法，这是拼成一幅大拼图的关键的第一片。初创企业不能在真空中生存，它们需要一个融资机制，这就是风险投资的价值。初创公司实现了客户需求，和风险投资一起构成了一套强大的生态系统，来发现新的解决方案并将其变成一个大生意。

在Bionic，我们相信大企业可以建立起一套混合式的业务增长模式：同时引入创业精神和风险投资机制。

我们了解为何有些公司的领导人最初对采用这套方法论犹豫不决。他们常常会指出，初创公司又新又小，没有什么害怕失去的。但是，大公司就不同了。大公司的流程经过多年的改进，融入了数千人的努力，服务过数百万的客户后，才逐步建立起来。如果从现有的产品和久经考验的流程突然转变到探索新市场上，这种转变不仅不舒适，简直可怕！但是，创始公司的思维方式不是说要刻意取代现有的商业管理模式，而是要来补充现有的体系。

在Bionic，我们创造了增长操作系统，我们相信这个系统可以成为一个小的"从新到大"的引擎，并完全可以和原来庞大的"从大到更大"引擎一起工作。这一点很重要：增长操作系统通过自己的补充，让原有的力量更强大，而不是取代它。相反，我们把它比喻成操作系统，就是想利用好创业生态的思维方式、机制和工具，在大企业内部点燃增长革命。

大企业和初创企业比，在经验和规模上有明显优势。《财富》500强公司的高管一旦看准了某个趋势，或者认可某个成熟的新客户需求，他们手上的资源就足以推动新市场，并让它加速成长。他们有客户，有渠道，有供应链，还有可信赖的品牌。正因为如此，他们对处于边缘状态的点子和实验性产品握有生杀大权。假如摩根大通打算进入比特币领域，它能迅速给这个边缘化的货币以市场合法性。因为它有相应的规模和关系网，有一锤定音的能力。

和大企业比，初创企业的竞争优势在于速度更快、学习成本更低。联合利华公司花半年时间才能通过委员会讨论和高管签字的决策，在一个不知名的创业公司里，可能只需要6天。

增长操作系统，就是要把两类企业的优势融合。我们要把初创企业的敏捷创新能力和大企业的专业度及影响力结合起来。沿着我们的路线图，大企业能重新找到它们的增长能力。它们已经精于从大企业变成更大的企业，我们要教它们的是一套新的方法论——如何实现"从新到大"的增长。

既然我们已经知道了为何而来，那么，让我们开始吧！

NEW TO BIG

第 3 章
从 TAM 到 TAP

How Companies Can Create Like Entrepreneurs, Invest Like VCs, and Install a Permanent Operating System for Growth

假想一下，你的工作是发掘、训练和管理奥运选手。你擅长识别有潜力的天才选手，看到某个大学高台跳水选手的表现，你就能知道她是否能赢得大把金牌。等这个选手基本完成了她的训练、成长到位后，你就开始训练她了。你把她变成了一个战无不胜的世界级选手。根据你投入的努力，你可以预测她的成绩，也知道如何衡量自己的成功。你把一项大事业（潜力跳水选手）做到了更大（世界级跳水选手）。

现在，假设一个靠谱的同事带着一个 5 岁的天才儿童来找你。他对你说："把这个孩子变成一个奥运选手吧。"你会不知所措，你很清楚这点。你不知道如何激励这么年幼的孩子，即使他极有天赋。即使你可以衡量他目前能跑多快、能跳多高，可这些指标在几个月以后可能毫无意义。但你的同事希望你担此重任，而且你想帮他，那么你该怎么办？

于是你去找那些曾经培养出奥运选手的儿童早期教育专家、老师和慈父慈母。你说："你们先教导他、培养他，等到他从大学毕业并备战奥运会了,你们再来找我。"事情就是如此简单:你对付不了"从新到大"的挑战。你可以当世界级的教练,用"从大到更大"的方式指导选手,但训练这个孩子恐怕不是你的专长。

当然,如果让这些儿童早期教育专家、老师和慈父慈母指导国家队的撑杆跳运动员去世界大赛竞争,他们也无能为力。他们只会"从新到大"的技巧,如果去做"从大到更大"的工作,他们必败无疑。

用初创企业的策略做创新

初创企业的特长是识别、应对并满足客户需求。在几乎所有动人的创业故事里,我们都能听到:某个企业家发现一个痛点,然后苦思冥想,找到一个更好的解决之道来克服这个痛点。这种对解决问题的痴迷,是开疆拓土的创业者的关键素质。创业者从客户的痛点出发,不受成规和资源约束,发挥想象力和灵活性,想象出并验证新的解决方案。最佳的选择可能是一款产品、一项服务,或者某种把现有产品或服务进行整合的思路。不论可能的解决方法如何多样,初创公司始终保持着开放的心态,不停地尝试、探索、折腾,直到找到一条能满足客户需求的全新的路子。它们不是在和市场上已有的对手争夺份额,而是直接去创造一个新市场。(硅谷有句名言:"彼此竞争是失败者的游戏。")因为初创公司规模小、身手灵活,它们可以快速试验不同的方案,转向的成本也很低。初创企业不可思议的高速学习能力就来源于此。

功成名就的大企业就不同了。它们擅长的是不断提高市场份额,增加利润,改善现有的流程和系统。它们通常已经有庞大的客户群,有自己的供应链,能保证产品和服务的可靠交付,并且品质把控高度到位。这些企业可能很老派,但它们真的对自己所在的领域非常擅长。这就造成这些企业没有理由跳出舒适区,去思考舒适区外的那些问题。它们看世界的方法和视角由它们的经验造就,这也导致它们容易陷入惯性思维。每当它们想就某个新产品进行头脑风暴时,讨论的起点总是自身的烦恼,比如"我们的市场份额被抢了,我们的利润率降低了,我们有个新技术,现在为它找个客户吧"。这类想法,让老派企业变成了过时的企业。

这套思维方式并不是孤立存在的。功成名就的企业如此运作,是因为这种惯性对它们来说已经深入骨髓。企业在已知的业务上运行良好,但面对未知的领域时,就变得茫然无措。在股价和财务数据的压力下,企业高管一想到要投资客户痛点又不清楚是否有可预见的结果,就感到极其不适。他们习惯于驾驭一台低变量、低风险的增长机器,而且领导层和股东也只求让这台机器正常运转。

这种由内及外的思维方式必须改变。21世纪最吸引人的成功的商业故事都是源于由外及内的思维方式,它识别了企业自身能够解决的那些大规模的、全球性的问题或需求。今天,这种聚焦发现和解决客户问题的思维方式特别值得我们学习。如果我们想要达到指数级别的增长,就不能只研究有多少客户会购买那些改进了10%的产品,而应该找到那些我们有足够能力去解决的重大问题。

我们必须让视野超越已有的成就,去自由想象我们能做什么。要做到这一点,就要从潜在市场规模(Total Addressable Market,简称 TAM)模式转向潜在问题规模(Total Addressable Problem,简称 TAP)模式。前者是指面向一个确定的市场,规划如何增加自己的市场份额；后者是要发现并解决一个全新的客户问题或客户需求。

TAM模式已存在几十年之久，无数的企业依此思路指导决策。该模式解决的问题是：市场有多大，某家公司可以获取多少份额。这种模式对那些已知的、确定性的市场来说是有效的，可对未知的、不确定的市场来说却无能为力。而这种未知市场恰恰是我们最应该关注的。

TAP模式则全然不同。这种模式通过发现某个重要的客户问题，从外部倒推出解决方法，然后为该解决方法设计出商业模式。从TAM到TAP的转变，有助于我们发现自己能解决的重要问题，发掘出我们能够创造的新市场。

以手机为例子，我们来看看两种模式的区别。

当手机刚进入消费者市场时，似乎只有律师和高管群体会使用。大家能认知到的潜在市场规模（TAM）也比较小——从事高压行业的人们有即时沟通的需求，并能付得起移动办公的费用。可是随着技术进步，手机更新速度越来越快，外形变轻变小，价格降低，需求出现了爆炸性增长。电子产品设计师意识到：手机能满足更大的客户需求——让所有人能够在移动中随时沟通。他们迅速改变策略，拥抱新市场。当时极少有人预见，手机最终会取代寻呼机和固定电话，成为全人类最主要的通信工具。事实证明，智能手机的TAP是整个移动通信行业的潜在市场总量。

再来看一个更近的例子。假设你是个风险投资家，你在2003年有机会投资脸书公司。如果你当时认为脸书的TAM是"想要联系彼此的常春藤高校的学生"，你肯定会错过这个项目，毕竟这点市场规模产生不了你的投资想要的回报。当然，今天你会后悔得只想抽自己耳光。脸书的现象级增长,来自创始人对平台的理解。这个平台不局限于校园,而可以适用于更大的人群。创始人知道,校园外的人也想了解朋友、同事和亲人的近况,而电话和电子邮件不足以满足他们的联络需求。脸书的创始人明白,人类的好奇心是在线行为的强大驱动力,他们偶然发现了一个未被触及的需求,便围绕该需求创造了一个市场。就这样,原来的"大学生朋友圈"变成了社交媒体巨头。TAP 最终变成了"用异步方式与你拓展的人际关系网保持联络"。

这两个例子里,创新点子的源头都不是为了和竞争者抢夺市场份额。这两个点子起初都只是回应一小群人的特定需求,然后扩展成为服务更大群体的业务。其要点不是"我们造出了这个新东西,谁需要它",而是"我们该如何满足更大的潜在客户群体的需求",这才是我们要开始思索的问题。

投资问题,而非项目

说了不少打击 TAM 的话,现在让我们后退一步,讨论一下 TAM 在公司增长方面的可取之处。TAM 的观念并非生来就错误,事实上,它在现存市场、客户和客户行为方面是合理有用的。只要市场是已知的、确定的,它依然起效。它能回答客户目前在这个市场上总共花费了多少钱来购买解决方案。例如,我们的公司生产唇彩,想扩展到口红领域,便可以用 TAM 来估计市场规模,以及我们可能达到的份额。

不过,一旦我们要向未知领域进军,TAM 就失效了。进入全新领域后,我们会发现,TAM 所依赖的那些问题的答案全都无从获得。我们不得不去思考一些至关重要的新问题：这只是一个新的客户行为，还是已经成为客户的烦恼？客户已经在着手解决这个问题，还是刚注意到这个痛点？有多少客户有类似的痛点要解决？假如有一个新的解决方案更快、更好、更便宜，这会给市场格局带来什么样的变化？用这种方式看问题，我们就能看清潜在机会的规模（TAP），而不是目前已有解决方案的市场规模（TAM）。从问题出发，我们就不会被已有产品所限制，而是能放眼创造新的解决方案。

从战略上展望 2030 年后的未来，我们得承认，未来的市场、商业模式和技术大部分是我们不知道的。这意味着规划制订式的战略注定失败，因为目标尚无法被定义。相反，我们需要用一种探索式的战略来发现新客户行为、新需求和正在浮现的甚至尚未存在的全新市场。我们把这个市场叫作机会地带（Opportunity Areas，简称 OA）。

一旦我们的重心从产品转向问题，我们能发现的潜在解决方案的数量和多样性都会大增。如果我们聚焦于什么是真正的客户问题，哪些要素或变量会促成新的解决方案，我们就能发现 OA（这个过程的基本要素，我们将在第 5 章详细阐述）。

可行的 OA 必须具备两个条件：客户需求要足够普遍，且存在一项新技术或方案能以好得多的、截然不同的方式来解决问题。需求可以长期不变，但产品、服务或解决方案总会与时俱进。如果公司聚焦在客户需求和新解决方案的交叉点上，我们就为创新做好了准备。从这个交叉点出发，我们就可以把业务带向新的方向，开创和征服新的市场，针对重大和持久的问题开拓出改变世界的解决方案。

但要到达这样的交叉点，我们不能从已有市场出发，而是得逼着自己适应未知的领域和尚不存在的市场。我们得从需求出发，估计多少人目前在使用代理方案，思考可能促成剧变的因素，探索和验证所有可能的解决办法。

我们将用实际案例来展示这样的创新过程是如何运转的。

TD Ameritrade 公司的 OA 变革

投资经纪公司 TD Ameritrade 已经成立了 40 多年，一直为个人投资者提供交易服务和投资教育，并为独立注册投资顾问提供托管服务。2017 年，公司的管理层开始推进创新能力的建设，开设了一系列的"创新冲刺"活动[①]，给参加者充分宽松的空间，让参加者探索如何实现公司使命——改变生活，并让投资更上一层楼。

在首个"创新冲刺"期间，一个新点子脱颖而出。每个参与者都认为这是足以颠覆整个行业玩法的重大创新。想出这个点子的团队探索了所有可能的解决方案，提出了一个数据驱动的全新工具。这个工具被汇报给高层领导，得到了公司管理团队的一致支持。在汇报时，CEO 提姆·霍凯（Tim Hockey）问房间里的人："谁想用这个工具？"几乎每个参会者都举手了。"创新冲刺"后的市场研究显示出这个项目的确具有可行性，调查者询问潜在客户是否有意愿使用该工具并付费，答案是响亮的"是"。

"创新冲刺"结束了，公司领导层决定用这个潜在的大黑马

[①] "创新冲刺"是一种高强度且高度结构化的工作方法，为期 3～5 天的过程中，通过原型制作、测试和终端用户验证，团队深入地讨论探索某一个创新课题。——译者注

产品来测试 OA。公司组建了 3 人团队来专攻此项目，3 人中的一个是这次"创新冲刺"的参与者，另外两个成员负责给项目带来新的视角。

虽然有了具备新思维的人才，又有了领导层"大胆落实"的绿灯，项目组并没有贸然推进，而是退后一步，反复考量这个解决方案的基本假设：客户是谁？客户需要解决什么问题？这个问题有多大、多严重？这些客户目前在用哪些解决方案？问题在变大还是在变小？有何促成因素（技术、趋势等）可以解决这个问题？

他们从最多数、最明显的客户画像出发，采用了几轮实验来不断深化对眼下客户需求的理解。但是，初始调研并没有产生理想的结果，因为这些客户对目前已经在使用的产品是满意的。于是项目组转向其他相关的客户群体，毕竟，参与初始调研的客户一直表示："我不需要这个产品，可我知道其他人需要它。"通常这种情况下，"其他人"是指他们的亲朋好友。

这些相关的客户却认为他们并没有待解决的问题，也不需要什么解决方案。这个新工具"有了也挺好"，但真的到了向这些客户演示如何使用新产品、新工具时，他们又不愿意费劲尝试了。经过 5～6 轮的实验，接触了超过 50 位潜在客户后，项目组的 3 个成员意识到"没有出路了"[①]。

马特是项目组成员，他是做数据分析的。起初，他怀疑能否仅仅根据几十个数据点来否定这么重要的 OA，后来，他意识到："以我的专业背景（数据分析），通常要收集几千个数据点后才

---

① 原文引用了美国著名作家和诗人格特鲁德·斯坦（Gertrude Stein）的名句："Whenever you get there, there is no there there."——译者注

能得出确定的结论。但现在我发现，完全可以调研 10 个人就发现某条路走不通。通过直接和客户交谈，我意识到我们可以快速得到答案，果断地放弃，赶紧向前走。"

项目组从开始工作到确信并否决这个 OA，用了不到两周时间，但他们也知道，CEO 和整个管理层在"创新冲刺"阶段都举手支持过这个项目，对它充满期待。所以项目组没有停止探究。万一是他们漏掉了什么因素呢？他们必须有十足把握后才能向上汇报。

为了确保覆盖可能对这个新工具感兴趣的所有潜在客户，项目组设计了一个量化调研。真正的客户问题并不是起初他们识别的貌似明显的那一个，也许这个新工具可以满足一个更细分的需求。项目组几次调整方向，排除了几个太小、不值得关注的需求，还去掉了几个在成熟市场里已经被解决得很好的需求。5 个星期后，项目组确信：那个 OA 不成立。现在必须向 CEO 汇报了。项目组成员莎拉评论道："我们对结论是自信的，但是汇报这个结论让人紧张。"

项目组收集了证据，把调研过程中的收获都整理出来。他们已证明这个新工具和它想解决的客户问题都不成立，但是在这个过程中，他们发现了几个新的看上去颇有潜力的问题。

项目组成员苏珊分享说："我们这次汇报的亮点就是这些无心插柳的收获。我们发现了一些真正有潜力且我们可以解决的客户需求。"

CEO 提姆·霍凯和管理层接受了项目组的证据和结论，尽管这和他们在最初汇报中的直觉相悖。提姆·霍凯称赞了项目组能用很短的时间和低廉的成本否决这个 OA。假如项目组换用常规的市场研究的方式来计算 TAM，管理层很可能会轻易决策，耗巨资开发一个无人购买和使用的产品。项目组通过聚焦于客户问题，成功地避开了这个陷阱，向公司推荐了更有可行性的机会。

几周后，CEO和公司更多的人分享了初始点子被否决的事，并称这是一种成功。项目组成员马特回忆道："同事们听说后，找到我们，表示：'哇哦！你们真的告诉CEO这是个很差的点子？'这似乎已经在改变大家汇报类似发现的方式。"

约翰·哈特（John Hart）是这个OA项目的分管领导，他阐述了为何这个案例对公司的增长如此重要："我们坚信这是一个创造有利于重大创新的环境的关键因素。"

项目组成员莎拉也赞同他的说法："我们知道公司有愿意承担风险的文化。可是在实际工作中亲历这种文化，还是一件很酷的事情。"

客户研究：询问 vs 观察

从TAM到TAP的转变，给我们3个启示：

1.我们的焦点要从我们自己的问题（如"我们要更高的市场份额！"）切换到客户的问题（如"他们想用尽可能安全快捷的方式从A点到B点"）；

2.我们的注意力要从现存的东西（如公司拥有的酒店、车辆等资产）转向未来可能存在的东西［如共享经济使得Airbnb（爱彼迎）和Lyft（来福车）等商业模式诞生］；

3.客户表达出来的需求（如买到常规产品或服务）并不重要，他们实际上的购买行为（如购买性价比更高、非常规的产品或服务）更值得重视。换句话说，这是商业真相的显现。

有句经典营销格言是："在客户需要的时刻，用合适的方式给他们合适的产品。"但这并不适用于新问题、新需求，因为客户自己有时都不知道自己要什么新产品，何时要，用什么方式要。

老派的工具（如"客户之声"调研）鼓励客户在他们已有的认知框架内给出产品反馈。调研对象在被问到问题或需求时，经常会在他们熟悉的已有解决方案的范畴内回答；被问到喜欢什么方案时，他们通常碍于面子，扮演他们心中想扮演的角色，给出提问者想听到的答案。

所以，与其相信此类调研工具（其思路都是 TAM 模式），不如学会观察客户，推断他们的行为，找到新机会。我们不需要像抽签那样被动地赌运气，只需像创业者一样思考，走出办公室，和客户互动，观察其行为，得出自己的结论。我们要寻觅的"证据"就在客户行为里。只有在主动的、自然而然的、无须言说的、真实的客户选择里面，才能发现真正的新问题、新需求。

我们真正理解到这一点，是在派出两个团队调研了两个截然不同的潜在客户群体之后。

群体 1：那些已经在用某项产品或服务解决这一问题的人。我们问他们在何处、何时、为何、以什么频次使用该产品或服务，以及他们为什么在类似解决方案里做了如此选择。我们问了所有常规的客户调研问题，然后引导他们进入真正的使用场景描述感受。我们追问他们对自己正在使用的解决方案到底感受如何，使用这个方案让他们回想起什么类似的感受,联想到什么好或不好的经历。

群体 2:那些有相同问题却没有使用市场上的现存产品或服务的人。群体 2 和群体 1 形成了极为重要的参照。我们想知道他们为何没有使用这个解决方案,到底是什么导致他们拒绝该方案,他们对该方案的真实感受,以及他们解决问题时在做什么或采用什么替代方案来解决问题。

> 以下是一个例子:
>
> 你是一个糖果制造商,你意识到消费者已经把所有加工糖当作头号健康杀手,所以你想为企业找到新方向。你想寻找一个新的 TAP,于是开始调研。你和糖果爱好者交流,你访谈糖果店店主和专业的糖果制作者,可你也调研那些 10 年都没有沾过糖的蓝色地带素食者①,试图真正理解他们的需求、问题和他们展示出的行为方式。
>
> 随着调研的人越来越多,你的 OA 也越来越清楚了。你了解到,那些顽固的糖果爱好者和偶尔吃糖果的人,都把吃糖和"宠爱自己"联系在一起。这导致你去思考更深层次的问题:是什么触发了你宠爱自己的冲动?是需要加强某种正面情绪,还是在克服某些负面情绪?你何时会需要宠爱自己,这种需要有多频繁?宠爱自己给你带来什么感受?你也会考虑到那些特殊人群:如果一个人一直在坚持无糖饮食,他在感到有点饿的

---

① 蓝色地带素食者(Blue Zone Diet),指至少 95% 的食谱是素食的一种生活方式。——译者注

> 时候，会怎么办呢？他如何做到既不完全屈服于饥饿又能善待自己呢？
>
> 走到这一步的时候，你就不再是一个卖糖的了，你已经进入了"宠爱自己"的业务领域。这个视角让你迈出糖果厂的大门，进入"如何宠爱你的潜在客户"这个全新领域。最终会启动什么样的新业务，取决于你有多么勇敢。你可以创建一个新的业务部门，生产美味但是健康的低卡零食；你可以买下一个小的化妆品公司（该公司生产价格不贵但是颇受欢迎的唇膏，有不错的粉丝群）；你还可以开一家连锁店，专门售卖便宜的多肉植物（这种植物非常适合冲动购买，能给房间带来新鲜空气和更轻松的氛围）。

这样的研究和观察过程，可以让你直达以前没有触及的 OA 地带，让你在新世界开辟新局面，建功立业。但你在举起火把投身丛林前，应该认真评估——这个 OA 是否值得你付出时间、精力和资源。

计算机会地带的大小

计算能从一个尚未存在的市场中挣到多少钱是件难事。没有可测量的变量，也没有现成的统计数据——测算一个顶尖创新的预期收入，似乎像猜谜。说实话，有时的确如此。可我们确信，这种猜测是有理可循的（记住，风险投资公司每天都在做出这类猜测。作为尽职调查的一部分，它们总会计算顶尖机会的大小，我们把它们的最优工具融入了我们的增长操作系统）。

计算TAP的目的何在？是为了对一个市场机会的规模有个基本靠谱的理解，而不是要精算出这个机会所对应的市场目前有多大。

Bionic刚创立时，我们对合作伙伴说："别再想市场容量了，你们从今天起只应该想潜在的客户问题和机会！"但是我们遭到了激烈的反对，尤其是谈到机会大小的时候。如果机会微不足道，那么投入大量时间、金钱、人力及研发到这个市场里就是在犯傻。我们还是需要某种标尺——哪怕是理论上的——来衡量机会的大小、利润的厚薄。所以我们又绕回到了老朋友——TAM，虽然它不适合作为新业务的发射架，但是它是估计OA和TAP大小的有价值的参照点。

在估算OA时，有3个粗略的计算公式：

1. 计算现有市场的大小，即多少人在采用代理方案解决他们的问题；
2. 假如他们可以获得一个明显更优的解决方案，多少人会感到"我需要采用新方案"（并粗略估计他们愿意为此付多少钱）；
3. 假如他们可以获得一个明显更优的解决方案，多少人会感到"我想要采用新方案"（并粗略估计他们愿意为此付多少钱）。

第一项计算的是TAM，第二项计算的是TAP的下限或者说是保守估计，第三项计算的是TAP的上限或乐观估计。

以手机为例，TAM是那些忙碌的律师和医生的通信费用，他们需要花钱在应答设备和寻呼机上，以便在移动中与他人随时保持联系。保守的 TAP 包括所有那些希望离开办公桌后还能与人沟通的专业人士的数量，再乘以他们愿意为移动通信付的费用。乐观的 TAP 则数量更大，实际上包括任何能说话的人，即使这些人还不会打字。

请你问问自己："我对今天的市场了解多少？"然后问："我想要解决的问题的市场有多大？"把以上两个问题的答案并排放在一起，看看它们有没有量级上的差异，这个差异是十倍，百倍，还是千倍？

对目前市场的了解或许对你有帮助，但是不能让它成为你的局限。纽约大学的金融教授阿斯沃茨·达蒙达兰（Aswath Damodaran）就是个很好的例证。他在 2014 年发表了一篇博客文章，主要观点是：基于目前全球出租车和礼宾车行业大约 1000 亿美元的总量，共享出行公司优步（Uber）的价值被高估了 25 倍。他的分析假设优步公司对应的子市场大概只有 100 亿美元的规模，而且极为分散，优步最多能拿下 10% 的市场份额。比尔·戈雷（Bill Gurley）是优步公司的投资人和董事会成员，他的回应是："达蒙达兰教授将出租车和礼宾车的历史市场数据作为优步的估算基数，其隐含的假设是'未来将和过去看起来差不多'。换句话说，像优步这样的新产品、新服务的诞生，对整个租赁交通市场规模的影响将为零。"这场争论现在已经成为经典：短短 3 年之后，优步公司的财报显示，其 2017 年的交易额达到了 370 亿美元。优步和来福车赢了。它们赢在意识到目前的问题解决方案远远不够充分，而它们创造的新方案能直接释放市场的潜在需求，从而使 TAP 远远大于 TAM。

假设你相信自己的解决方案能创造一个新市场或者干掉目前的产品或服务，在此假设下，计算TAP不是件容易的事情，甚至可能有点吓人，但我们还是必须迎难而上。我们要让自己反复且同时思考几种结果——很可能的、潜在可能的、特别棒的——才有机会创造出革命性的解决方案。

创业生态不仅仅有创业者

这一章一直在挖掘创业者和投资人评估创新机会的方法，但创业生态不仅仅有创业者，还要有天使投资人和风险投资机构的参与。事实上，他们都是用这套思维方式来思考的。

每个拥抱增长操作系统的人都需要从TAM转向TAP，但是他们的应用场景各异。在成熟企业"从新到大"的系统中，创业者的角色将由员工担任，投资人的角色则由公司管理层担任，后者的任务不仅仅是出钱支持前者。但是，这两种角色都要准备好用新的方式来思考和工作，这与他们原本的思维模式有所不同。最终他们都必须挑战自我，成为左右开弓的领导者——卓越的业务经营者和新增长机会的创造者。

成为左右开弓的领导者的第一步是什么？是为负责创新的团队授权和设立边界，让他们能用不一样的方式工作。允许他们犯错误，允许他们挑战已有的认知，允许他们颠覆现有的核心业务，允许他们大胆实验，通过犯错否决错误假设、快速迭代，允许他们像初创公司一样干，即使是在一个成熟、巨大的百年企业内部。

这听起来很疯狂，但是可以做到。

NEW TO BIG

第 4 章
增长领导者面临的挑战

How Companies Can Create Like Entrepreneurs, Invest Like VCs, and Install a Permanent Operating System for Growth

改变不易。尤其当你的业务已经取得了一定的成功后，改变更难。因此，当我们坚持说服成熟公司的管理层像风险投资家一样思考时，他们经常会心生疑虑。毕竟，生意不错，股东也挺满意，一切运转良好，真的有必要做这么激进的改变吗？

答案是：有必要，绝对有必要！要引入并借力创业生态系统，你必须全面拥抱它的每一部分，而不是趋易避难。（实际上，这里面就没有什么易如反掌的事情。）

要做的改变很多，其中之一就是：培训经理层和领导层，让他们支持"从新到大"的转变——专注于客户问题，庆祝带来认知迭代的失败，竭力探求业务本质。

让我们看个例子：乔治·奥利弗（George Oliver）的大转变。

2017年9月，乔治·奥利弗就任跨国巨头企业江森自控（Johnson Controls）的董事长和CEO。在2016年江森自控与消防安全企业泰科合并前，奥利弗在泰科工作了10年，其中后6年担任CEO。在就职泰科之前，奥利弗为通用电气工作了20年，并一路升迁，负责过多条业务线的经营。毫不夸张地说，他是个公司运营高手，就像我们说天才体操选手西蒙·拜尔斯（Simone Biles）擅长翻跟头一样。

Bionic 从 2015 年开始和泰科合作，当时奥利弗和团队在寻求业务增长的新方法。他们已经对未来做出了战略规划，但还是想知道能从硅谷学到什么——他们想了解为何有的创业企业会如此成功。

奥利弗认为："我们在消防安全领域有上百年的成功经验，我们为客户开发产品，提供解决方案，不断完善传统服务，但是我们没有超越性的思考。"

到目前为止，你可以轻松地诊断出他们的问题了：他们在思考 TAM，而不是 TAP。可是，问题的根源最终在更深层：泰科被困在了典型的"从大到更大"的思路上。

奥利弗继续说："让我们面对问题吧。当你是一个运营高手时，你觉得自己掌握所有问题的答案。因为你经历过一切困难，所以能快速给出答案。我们很快意识到这类行为其实阻碍了公司的增长。"

管理层能爬上高位，是因为他们多年来在学习、观察、分析并达成目标，他们谙熟组织运作规则，并积累了大量商业经验。因而他们也很难接受一个事实，即采用和部署增长操作系统的时候，要放弃不少来之不易的智慧，以实现新模式所需要的思维模式跃迁。

"挑战在于，这些家伙非常聪明，他们已经用自己的方式取得了巨大成功。"花旗集团的前首席创新官戴碧·霍普金斯（Debby Hopkins）认同这个观点，"这个过程很难，因为现在你要把心态归零,承认过去的做法已经不够好了。"

在 20 世纪,成功的定义是成为本行业的全球领导者。但到了 21 世纪,作为一家企业的 CXO,你必须成为一个增长型的领导者。这意味着什么?

奥利弗认为:"今天的领导力必须是多维度的。你要有很强的运营技巧,你要建立强大的团队,你还要有增长的洞察力,这点将是长期成功的催化剂。"

为了孵化"从新到大"的增长,你要学会同时成为运营和创造的高手,你必须能左右开弓。我们与这样的创新者合作过,采访过他们,也聘用过他们,我们本身也有创新业务的经验。我们总结出 10 条把运营者转化为创造者的关键思维模式:

1. 由外及内
2. 行胜于言
3. 接受建设性失败[①]
4. 让旧数据作废
5. 承认"我可能是错的"
6. 宁拙毋巧
7. 不要拔苗助长
8. 建造登月的梯子
9. 警惕成功假象
10. 成为左右开弓的领导者

---

① 建设性失败,是指能带来新的认知的失败。——译者注

让我们一一解释这十大原则。

1. 由外及内

多数企业家对自己的知识、专长和洞察力评价过高，而对他们没有掌握的经验、趋势和秘密则会评价过低。可是，多数初创企业的成功是由创业者控制范围之外的力量所推动的。风险投资家很清楚这点。

我们时常问风险投资家：你所投的成功案例中多大比例是因为市场时机、运气或某种机缘？答案的数字总是惊人地高。"我认为起步于正确的地方加上正确的时机，这占了一切成功的99%。"说这话的是阿尔伯特·温格（Albert Wenger），联合广场风投（USV）的管理合伙人。的确如此，天时地利，我们非常赞同。

风投家明白，他们那些明星案例的背后推动力是外部力量——法规变化、技术成本降低，以及客户趋势变迁。起关键作用的并非他们自己，而是一些外部因素，其变化时点和轨迹远在他们的控制之外。这意味着由内及外看世界极不适用于创新，应该倒过来，从外向内看。

从研发技术出发，做好产品再寻找买家？这是从内到外。买下一个正在威胁你的市场份额的公司？这也是从内到外。为你目前的产品找一个新渠道？这还是从内到外（也是渐进式的）。

如果从外到内，就要问以下问题："哪些外在的因素在影响着我们？战场在发生什么变化？哪些新的促成因素使我们能够把问题解决得更好，而且显著地更好？我们该如何利用组织的独特优势和特长来抓住这些外部变化？"作为领导者，我们需要高度敏锐地觉察并把握好外部市场的变化，让相应的革命性创意在组织内部涌现，在理想的时机推出新产品或新服务。我们需要看清楚新机会的潜力，让自己做好准备，并在时机来临时全力出击。

以下是一个由外及内的实例。

无人机是一个在出人意料的时点上取得实质性技术突破的绝佳例子。早在20世纪70年代，无人机已经出现在战场上，可其后用了40年时间，无人机才成为常规战争装备。一旦无人机技术的成本和获取门槛降低，很多企业就开始思考如何应用这一技术。可初期的一些商用无人机的尝试，如2012年创业企业Tacoraptor的尝试，被美国联邦航空局（FAA）迅速否决了，无人机的扩展应用看上去遥遥无期。两年后，美国联邦航空局发布了法规，规定所有商用无人机为非法，似乎是公开辟谣了亚马逊开通无人机快递服务的传言。可是英国石油公司（BP）得到了许可，它被允许在阿拉斯加等偏僻地区用无人机巡视其基础设施。这个许可为商用无人机的最终放行开辟了法规上的先河。面对新事物，尽管法规制定者起初持保守态度，但随着大潮翻涌，势头来临，松绑只是时间问题。

当我们2015年开始和某个大型能源企业合作时，我们并不惊讶地发现，该企业通过采用由外及内的视角，已经在关注商用无人机市场。其后两年，我们帮这家企业培育了一个OA，该方案使用了无人机，再加上该企业的专有优势，解决了一个巨大的客户问题（对不起，出于保密，我们无法透露是什么问题）。接下来就是通过实验，来验证解决方案的有效性。整个过程中企业一直在关注：监管何时会变化？何时会释放需求，准许无人机的广泛应用？他们知道时机将至，并期待这一天的到来。

通过由外及内的思考,这家能源企业创造了多项借力无人机的新产品和新服务,确保一旦时机到来,自己已经完全准备好了。

渐进式领导者

- 相信那些全然可控的新产品/新业务的成功潜力;
- 已经对"市场如何运作"有了自己的坚定看法;
- 看到有竞争关系的创业公司时,认为"它们太小众了";
- 认为"时机正确"是指某个客户开始要求某个解决方案,而不是客户行为展示出新的需求。

增长式领导者

- 坚信时机不容错过,必须学会驾驭自己无法控制的外部力量;
- 为自己建立一个顾问委员会,跟上相关趋势和技术的变化;
- 组建团队在空白地带创新,采用尚处萌芽状态的技术,这些新技术可能在3~7年内到达引爆点;
- 聚焦于技术的不断演进、相应的市场变化或引发的客户行为改变,牢记目前的市场规模在一年后很可能会大不相同。

2. 行胜于言

营销老手都知道,客户通常不清楚自己想要什么,直到你把新产品放在他们面前。关于这点,亨利·福特有句著名的话(尽管真实性存疑)常被提到:"如果我问他们想要什么,他们很可能回答想要一匹更快的马(而不是一辆汽车)。"

但风投家埃里克·佩利(Eric Paley)坚持认为,这种态度多少显示出了对客户的傲慢和鄙夷:"优秀的产品经理不会问客户想要什么,这不是客户需要知道的。产品经理应该问的是:为何你会想要更快的马?你想从中得到什么?是希望马吃得更少、停休次数更少?或是马蹄铁更不容易掉?"这里的关键点,是应该多提问那些能展现客户根本需求的问题。

当然,在福特的年代,摆脱对消费者调研的依赖,意味着巨大的风险和花费:要建设工厂、生产汽车,还要期待人们需要它、购买它。你必须有远见,选对路线和时机,还要找到足够的资本支持你。放在今天的话,福特的创新之路可能要便宜快捷很多。像佩利建议的那样做客户访谈;借助 TAP,确定机会足够大;做一个登录页面,放上特斯拉 Model T 的原型、视频和意向登记表;在脸书和谷歌购买一些广告,用几天时间和几千美元来测试客户需求。

实际上,特斯拉公司就采用了这种方法来判断客户偏好。在新车 Model 3 交付的好几年之前,特斯拉就开启了在线预订。顾客在特斯拉推出能用的样车之前就下单了,还要交 1000 美元的定金。这恰恰是非常有力的展示客户意愿的证据,目标市场仿佛在说:"我不仅仅说出了我对拥有这款产品的渴望,我还用真金白银为它投票。"

行胜于言的思维方式强调客户行为的重要性,认为行为比语言更能揭示商业真相。这不仅仅是因为客户可能不清楚他们要什么,还因为在常规的客户调研里,调研对象不需要承担任何风险。好的实验设计应该让客户付出一定的代价,从而测试出他们真实的兴趣和意向。假设以下两个调研场景:

场景一：

这个产品解决了你的问题吗？——是的！很好！

那你会购买该产品吗？——当然！

你最有可能买哪一种？——蓝色的那个。

你愿意为蓝色的产品付款多少？——可能 25~30 美元。

该产品上市后你会去商店购买吗？——哦，我很可能会的，这产品真的不错。

调研结论：顾客很可能会以 25~30 美元购买蓝色的那款产品。

场景二：

这个产品解决了你的问题吗？——是的！很好！

那你愿意现在就预订吗？定价是 29.99 美元，免费送货。你可以现在就输入信用卡号码和送货地址，请放心，到货时才会扣款。

——嗯，我的意思是，这产品不错，但是我不确定现在是否想买。

OK，没问题！你想登记一下电子邮箱信息吗？这样一旦有货我们马上通知你。登记后当我们推出新产品时你就有优先权。——好吧，听起来不错，但是我每天收很多邮件，我今天还是不登记电子邮箱了吧。

调研结论：最初有兴趣，但没有转化成 29.99 美元的产品购买，也没有登记电子邮箱信息。这个产品的价值主张不成立。

针对产品价值主张的两种测试方法，得到了不同的结论。

公司领导者应该采用行胜于言的思维模式，推动团队在设计客户实验时加入一定的价值交换来替代肤浅的问答式调研。当团队成员说他们"知道"某个点的时候，领导者应该追问他们是如何了解的，他们做了什么样的实验以得到他们相信的结论。

渐进式领导者

- 高度依赖传统调研方式，如"客户之声"；
- 假设客户了解自己的需求，而且能清晰地表达出来；
- 只要项目得到传统调研数据的支持，就可以投入；
- 让客户调研驱动产品设计。

增长式领导者

- 根据客户的行为来支持或者否决某个解决方案；
- 带着"问题"来设计每个客户实验（在实验中必须加入价值交换的成分，否则这就只是伪装成实验的调研）；
- 寻求全无偏见的真实客户反馈（如果客户觉察到你有倾向，他们经常投其所好，提供你想听到的答案）；
- 准备多套实验设计，以便能在正确的时间使用正确的实验。

3. 接受建设性失败

我在对一个公司领导团队发表演讲后，常常遇到这样的场面：CEO 跟着我到后台，低声承认他的最深层担忧：公司管理层的其他人已经不对他说真话了。对这些 CEO 来说，这样暴露自己的弱点实属难得。我会看着他们的眼睛，深吸一口气，勇敢而坦诚地认可："是的，他们不说真话。"

CEO 们被屏蔽了真实的信息，是因为他们一直教导下属尽量避免犯错误——不要押错项目,不要支持可能失败的概念。功成名就的企业不应该犯错,高管们也不理解犯错的价值。这导致公司里的人都小心翼翼地围着领导转,滔滔不绝地说着不太可能出现的理想画面,却不敢坦率承认项目不奏效或者走错了方向。

当然,我们这里讨论的失败,不是那种不可逆的导致企业破产、遭遇严重诉讼、大规模裁员、伤害他人的大失败。那种失败是彻底的灾难。不,我们现在讨论的是设想和现实无法相符的情况。

例如,几乎每个人都相信A产品将成为公司未来的明星产品,团队已经落实了相关的资源,并给A产品设计好了五年发展规划,而且已经干了18个月。可是,团队做了实验,发现客户不想要A产品,其实他们更喜欢B产品。客观地讲,此时团队理应更新计划,转向B产品,坚决朝新方向走。但是在很多企业里,否决一个计划的过程充满了不愉快的指责和公司政治,需要承担的学习成本太高了,这完全可能毁掉一个人的职业生涯。所以,整个公司会达成某种默契,忽略商业真相,继续做那个大家都知道注定会失败的项目。我们管这种项目叫"僵尸项目"。每个人都知道项目如行尸走肉,但是没人杀掉这些僵尸,于是它们继续吞噬着公司的人力和其他资源。

接受建设性失败,意味着降低学习成本,提高学习速度。这些小规模、快速和低成本的失败,最终会把你带到正确的方向上。接受小失败,避免其演变成大规模的、痛苦的、昂贵的失败〔如New Coke(可口可乐公司推出的一种可乐新品种)的失败〕。这意味着领导层要创造一个鼓励大家杀死僵尸项目的环境,把资源和注意力释放到仍有可能的机会上。这也意味着要欢迎那些和你的直觉相悖的商业真相(即使这需要思路的大转向)。

建设性失败可能不常见，但我们身边的确能找到这样的传奇。例如，WD-40是一种有名的润滑剂，可以减低摩擦噪声，让卡住的部件松动。这个产品得名于实验的次数：制造商尝试了40次改进配方，才得到完美的产品。气泡膜包装纸最初问世，是因为厂商想生产一种时尚纹路的墙纸，当然，这个尝试失败了。直到IBM用这种材料包裹和运输计算机部件后，它才成为一夜爆红的产品。世界上首个合成纤维染料的发明，其实是人工合成抗疟疾奎宁药物失败的副产品。那串化学实验的产物是一种油性的淤泥。这对药物研发来说是失败，但是作为染料，它竟然能让丝线呈现出一种美丽的紫色。

在花旗集团，我们和名为D10X的内部项目团队一起，为企业打造一个创业生态系统。前首席创新官和花旗创投（Citi Ventures）的创立者戴碧·霍普金斯早已充分明白这个生态系统的成功关键是提高学习速度。"这不仅仅要求你更了解自己，你还要学习过程，学习技术。这些经验的获得全无捷径。"

风投公司Venrock合伙人尼克·贝姆（Nick Beim）在投资创业团队时，也高度认同建设性失败的价值："对我们来说，一个人如果在失败后认真反思，会变得比以前聪明得多。他们会带着收获去探索新机会，并获得巨大的成功。"

整个创业生态系统，就基于高失败率预设的投资组合理论。我们将在第7章详细讨论这个概念。目前我们先简单说一下概貌：大约60%的风险投资回报来自6%的资本投入，大概有超过一半的投资是亏损的。顶级的风险投资公司并不见得失败率更低，而是成功案例的收益更大而已。是的，这就是说，即使是最好的风险投资公司，也常常投资失败。有的失败甚至令人瞠目结舌。但是它们通过一个独特视角，增加自己大获成功的概率：它们在面对潜在机会时，想的是"万一成功了呢？"，而不是"万一失败了呢？"。

要把这种思维模式带入业务健康的、发现和探索驱动的、执着于增长的成熟企业，这家企业必须愿意尝试很多新事物，看到其中很多项目失败也能够泰然处之，而且能以明确的自我认知，从过程中习得智慧。如果一家公司不会或不敢失败，那么它不但错过了学习的机会，还白白丢掉了赚钱的机会。看不得建设性失败的领导者，其实在阻碍企业获得意义重大的增长。

风险投资家埃丝特·戴森（Esther Dyson）在她的电子邮件签名栏里写了一行字："大胆犯错，但避免重复！"这是一个资深投资家给出的宝贵建议。我们应该给团队犯错误的许可，并创造一个环境，让这些失败都是建设性的。

渐进式领导者

- 害怕所有的内部失败，把失败和它带来的时间、金钱和资源的损失关联；
- 持续喂养僵尸项目，而不是果断转向；
- 当一个已经规划几年的"稳赢"项目触雷后，非常震惊；
- 总想努力弄清楚某个项目失败的全貌。

增长式领导者

- 把失败看成冒险不可避免的副产品，也是一个有意义的学习过程的必要投入；
- 下注一个投资组合，清楚其中很多会失败（第7章详述）；

- 永远探究是否有更便宜、更快的方式来得到同样的认知；
- 对错误坦诚、心态开放、不武断。好的领导者会在会议上讨论失败，在内刊上公布失败，让整个公司对从失败中学习习以为常。

4. 让旧数据作废

我这么说，可能口气像个难对付的老祖父。如今的商业周期的确运转得飞快，要证据吗？让我们漫步历史，梳理一下过去一万多年不断加速的变化吧（别担心，只用一段文字）。

公元前1万年，当农业诞生时，劳动者不难建立起一套长期可靠的思维框架，以理解周边世界的运转规律。一旦他们知道每英亩农田能生产多少玉米，了解了附近市场对玉米的需求，他们终其一生都可以根据这些知识来行动。19世纪的工业革命带来更快速的商业周期，但全球经济的核心元素和规律也在此期间成形，之后近200年未曾改变。这种变化速度使得多数劳动者可以终生依赖某种技能，因为多数人职业生涯的跨度也就是20~60年而已。今天的商业互联网才诞生约30年，相当于一个职业生涯的长度。而移动互联网革命才刚满10岁，只是一个职业生涯的一小部分。技术和消费行为发生重大改变的周期变得越来越短，发生得越来越频繁。

这意味着商业数据的保鲜期被大大缩短了。几十年前，我们可以用职业生涯早期的知识和数据来指导当下的决策。但现在世界变化得如此之快，我们再这么决策就太不靠谱了。然而，积习难改。抛开自己辛辛苦苦获得的经验，本身就是违背天性的。我们需要有意识地努力才能放弃这些已习得的旧知识。

我们在 Bionic 为所有合作伙伴设立了规则，只允许使用过去 12 个月的数据，而且只做未来 3 年的预测。超过 1 年期的数据需要重新认证；预测超过 3 年的事，是不诚实、不理智的，因为那么远的技术和商业模式，今天的你根本无从知晓。

举个例子，不少在互联网泡沫阶段（20 世纪末）惨败的商业模式，如宠物食品配送、电子货币等，在 20 年后都成功了，成了可以持续盈利的成功业务。为什么 Chewy[①] 成功了而 Pets.com[②] 失败了？是什么导致了两者不同的结果呢？

Pets.com 公司的前任 CEO 朱莉·温赖特（Julie Wainwright）在一篇写给商业新闻网站 Business Insider 的文章里分析说："2000 年的世界是这样的——在电商的仓库管理和客服方面没有即插即用的、可规模化的解决方案，我们只能雇用 40 多个工程师来搞定。云计算在当时并不存在，这意味着我们不得不自建大型的服务器集群，还要雇用几个 IT 工程师才能保证不宕机。2000 年时互联网用户总人数还不到 2.5 亿人，现在这个数字是 50 亿。"

"让旧数据作废"的意思是，当你要判断一个点子的可行性时，不要膝跳反射式地说："这不行！难道你不记得 X 的遭遇了？"你应该问的是："这个思路为什么现在可行？目前的世界发生了什么变化能让它成功？"这意味着，一个 10 年前一败涂地的商业项目，放在今天有可能利润丰厚。这还意味着，作为公司领导你

---

1 Chewy 总部在美国特拉华州，是美国最大的纯宠物电子零售商平台，提供食品等宠物相关的所有物品，2019 年 6 月在纽交所上市，目前有员工 1.2 万名。——译者注
② Pets.com 是一家宠物食品电商公司，成立于 1998 年，一度成功上市，但于 2002 年倒闭。——译者注

必须常常自问：市场真相究竟如何？我们究竟处于什么位置？

资深风投专家阿尔伯特·温格说："要勇于打破所有的规则。我认为，大多数伟大的投资项目的特别之处在于能打破某项陈规旧则。"作为一个增长式领导者，你的责任是鼓励团队大胆质疑，测试那些在商界根深蒂固的观点和假设。"我们一直都是这么做的"——这句话简直就是丧钟。你应该烧掉条条框框，让过去的数据作废，用全新的眼光来看问题。

渐进式领导者

- 相信能预测多年后的市场、商业模式和技术；
- 对在同一个地方犯两次错误的风险感到尴尬；
- 经常说的话是"这事我做过，我有经验"；
- 追随习惯，多年下来阅读同一种书籍，参加同一类会议，听同一批意见领袖的观点（你甚至会说他们死板僵化）。

增长式领导者

- 在投入某个项目前先仔细研究，试图了解新的市场力量和技术；
- 为自己过去的知识和数据设立一个保鲜期，期限通常不超过 12 个月。对更陈旧的数据和假设，要重新验证其有效性；
- 不停地问："为什么是现在？外界发生了什么变化？是什么造成了这些变化？我们是如何感知这些变化的？何时知道的？"
- 保持理智和诚实，能区别对待应该有效、曾经有效和现在有效。

5. 承认"我可能是错的"

没人喜欢犯错。的确,科学数据也这么说。心理学家发现,当我们受到"不该受到"的指责时,我们会感到非常烦躁、极不舒服,这种对大脑的刺激和我们身体疼痛时受到的刺激一样。咨询顾问兼作家朱迪斯·格拉瑟(Judith Glaser)从心理学的角度,把我们对"正确"并赢得争论的集体渴望比作上瘾。

不管是否上瘾,我们对"正确"的需求在很多方面都是无益的。首先,这种心态会让我们变成偏执的浑蛋。其次,这种钻牛角尖式的固执己见对说服另一方通常毫不奏效。康奈尔大学的研究者发现,在辩论时,用模棱两可或者开放性的语言,反而更有说服力。长期而言,坚持自己是正确的,可能恰恰会导致我们犯错。当自我封闭、拒绝讨论和实验新点子时,我们就错失了探索的机会。

英特尔的创始人和前 CEO 安迪·葛洛夫(Andy Grove)在公司内部讨论时,用了一记妙招来防止这种情况发生,即推行"我不赞同但我承诺"的准则。这个准则使得团队成员能在不赞同的时候直抒己见,同时尊重持不同意见者的决定,并承诺全力支持。双方都不能 100% 确信自己知道未来的方向,所以他们不把时间浪费于辩论,而是一起往前走。

葛洛夫认为,犯错也可能带来产出。持这种想法的并不止他一人。通用电气企业文化的前负责人、GE FastWorks 项目联合创始人贾尼丝·森佩尔(Janice Semper)也承认:"我们的文化太过执着于'正确'。我们太追求完美。我们不了解如何与客户达成伙伴关系，不知道从他们的角度去看他们的问题。我们必须训练管理层用不一样的方式来领导企业，要让他们去问问题，而不是提供答案。"

戴碧·霍普金斯也认同对"正确"上瘾会有危险。她说："根源在于企业家内心深处认为自己很成功，而且自己一手创造了现有业务的辉煌。现在的挑战是让这些成功人士明白自己赖以成功的公式已经过时了。关键和重点在于，确定性已消失了。"

抛弃了对正确的执迷后，领导者常常能进入灵感和创意的新天地。在企业内部贯彻企业家精神和风投管理方式的一部分，就是要鼓励创业项目团队及其顾问敢于证明自己是错的，以打开新的机会之门。

渐进式领导者

- 告诉团队成员该想什么，而不是问他们：为何 A 是正确的或他们是如何学到 B 的；
- 在演讲中强调那些支持己方观点的数据，忽略对己方观点不利的数据；
- 认为改变主意的人"立场不坚定"；
- 认为果断拍板比提升认知更重要。

增长式领导者

- 提出问题，提真正的开放式问题（不是引导式问题），而不是在大家分享工作进展时直接给答案；
- 改变措辞。己方观点得到佐证，不能叫"赢"，假设最终被否决也不是"输"，两者都是在学习新知；

- 基于团队收集的证据来决策,即使和他们原来认为正确的情况相悖;
- 奖励说真话的人——那些愿意挑战公司常规做法和行业最佳实践的人,甚至即使他们挑战偏了,也要奖励。

6. 宁拙毋巧

写公司报道的记者和写商业案例的学者,都偏爱灵丹妙药——"银子弹"(silver bullets)。因为读者总是为这样的奇迹而着迷:某个伟大的产品特性或商业策略,一举造就了公司的腾飞,或者一把挽回了衰灭的狂澜。灵丹妙药的吸引力在于,它们看上去似乎很简单,毫不费力。其信奉者认为,如果够努力、够聪明,总能找到某一招来解决复杂得似乎不可解决的问题。我在这里不想让他们泄气,但不得不说这种想法完全是一厢情愿。

事实上,"银子弹"这个说法本来就带着魔幻色彩。这个词源自古代人对银制品魔力的迷信,还有一些流传甚广的说法,即只有银子弹才能打死狼人或超自然生物(我指的是极难对付的问题)。

创业者兼风投家本·霍洛维茨在他创业生涯的早期就学会了不迷信灵丹妙药。当时他在网景公司(Netscape)担任网络服务器的产品经理,正值微软发布了竞争产品——网络信息服务器(IIS)。微软产品的速度是网景产品的5倍,还是免费的。霍洛维茨大怒,策划了一系列的战略合作和并购,想要抵挡住微软对自己产品的攻击。但当他向工程部门的同事解释这个计划时,却遇到了激烈的反对。一个曾和微软多次短兵相接的同事对霍洛维茨说:"我们的服务器比微软慢,没有灵丹妙药可以解决这个问题。我们要用很多的笨办法——铅子弹(lead bullets)才能赢。"其后,霍洛维茨和团队专注于对产品进行大量的小改进,这些不起眼的小改进合力解决了服务器的性能问题。最终,网景的产品超越了微软创下的性能标准。

宁拙毋巧是一种思维方式,即明白在增长方面没有灵丹妙药,任重道远,需要很多的笨办法,才能让增长操作系统奏效并和企业的其他部门无缝对接。没有哪种框架(或书籍、会议、思想领袖)能用魔力解决问题。正如霍洛维茨所形容的:"想逃避正面战斗是不可能的,你只能直接去对付那个堵住门的丑陋的大家伙。"

归根结底,想要增长的企业,必须愿意投入资源、时间和政治资本,发展出坚实的综合增长能力,而不是在一堆貌似聪明和时髦的短期方法或"创新"中跳来跳去,浅尝辄止。领导层必须意识到,增长策略并不是要解决这个季度的问题,而事关公司的长期生存。

渐进式领导者

- 总在寻找快速制胜之道;
- 知道笨办法,但因为畏难情绪而不愿意用;
- 对创新持被动而非主动的态度;
- 发起并购,抄袭对手,或相信其他某个招数可以一举解决问题。

增长式领导者

- 认真研究自身的处境,考虑所有可以利用的"杠杆"和促成改变的机会。牢记从来就不存在什么"一招鲜";
- 重新审视本企业的评估和奖励机制,因为战略方向和侧重点的改

变意味着考核指标和相应的激励政策应该同步调整;
- 为项目进展同时记录两条时间线:一条是以月度和年度为坐标的总进展,另一条则用来庆祝每周、每天的小进展和小成果;
- 别被迷惑了。公司的宣传口号不是现实,所谓的"一夜成功"的事情,其实已经酝酿了几十年。

7. 不要拔苗助长

我们都记得斯坦贝克(Steinbeck)小说里的主人公莱尼[①]吧?这个大个子的笨蛋喜欢爱抚毛茸茸的小动物,但最终总是杀死它们。莱尼不是个邪恶的人物,也不仇恨社会,他一片好心,充满了对各种小动物的喜爱。他只是不了解自己的蛮力,所以他真是"爱死"了这些小动物。(是的,我们说"爱死"某个东西时,真的能做到。)

经历过无数次的尝试和失败后,我们很容易紧紧抓住来之不易的成功,不管这成功多么微小。你已经把公司的时间投入几十个不同的创新项目,从不奏效的项目中学习,对有产出的项目加大投入。所以你想抓住任何有成功迹象的项目,实在是再自然不过的事情。

然而,有经验的创业家知道,第一笔客户收入常常是"错误的"收入。一个产品的最初用户常常不是有代表性的用户,从最初很

---

① 莱尼是小说《人鼠之间》的主人公,该小说是诺贝尔文学奖得主、美国著名小说家斯坦贝克的名著,于1937年出版。——译者注

小的样本中得出普遍结论也是不明智的。

创业企业常常要在努力数月甚至数年后，才能真正了解谁是"正确的"客户，然后对定价策略、客户忠诚度、利润率和运营策略进行掂量和修订。直到此时，这个产品的大规模推出才算"准备好了"。这段时期是创业公司的"丑陋的青春期"，你不可能跳过这阶段，否则，你就是在过早规模化一个还没有被充分证明的产品。（这可能导致昂贵的失败，而且是失败中最错误的那一种。）

有的大企业想豪赌一把，通过大量投入弹药的方式促成创新项目。手段有：提供完备的基础架构设施，直达客户和合作伙伴的绿色通道，配备高薪员工，对项目予以特别关注等。作为企业领导层，我们想奖励业务进展，用好公司的资源优势。但是事与愿违，条件的限制和艰苦才是创造力的催化剂，安逸舒服的创业者一定不如一路坎坷的走得远。员工激励方面的咨询公司 O.C. Tanner 曾经做过一项著名的研究，它分析了 170 万人的工作成果，发现最有创意、最成功的成果诞生于各种限制和束缚之下，而不是源自无限的资源和完全自由的发挥空间。

"从新到大"的增长，需要利用好企业在业务创新方面的专长、人才和战略资产，也要保持一种健康真诚的创业氛围，让创业项目必须证明自己的模式、争取自己的生存权利。我们要相信这些规律，不要拔苗助长、操之过急。

渐进式领导者

- 创新项目有一点起色就操之过急，过早提供额外的资源和压力，急于规模化；
- 用越来越高的期望来衡量成功，而不是用客户、增长、收入和利润来衡量；
- 团队成员条件太好，不够饥渴和艰苦；
- 认为第一批付费的客户足以代表全部客户，过早推动团队放手大干，过早去复制那些成功但尚未准备好规模化的产品。

增长式领导者

- 在提供支持前，先问："假如这是个独立运行的创业公司，需要哪些资源？"
- 寻找坚韧不拔的团队成员，让他们在有限条件的制约下野蛮生长。他们不太可能是"高潜力"员工，更可能是动手能力强的人、擅长修补和改进的人、敢说真话的人；
- 当一个创业项目有起色时，先保持克制，不要在刚有成功迹象时就视其为核心业务，而要给它6~18个月的时间，让其先度过"丑陋的青春期"；
- 鼓励团队超越第一笔收入来源，去找寻那些带来利润的、对产品着迷的忠实客户，也就是实现规模化所需要的客户群体。

8. 建造登月的梯子

1961年5月，时任美国总统肯尼迪在美国国会联席会议上发表演讲，宣布美国将在1970年前把人送上月球。这史无前例的登月计划树立了野心勃勃的目标，加速了美国航天技术的发展，缩小了美国和苏联的差距（苏联在1961年年初把宇航员送上了太空轨道）。1969年7月20日，在目标期限到达前164天，阿波罗

11号在月球着陆，宇航员阿姆斯特朗迈出了"人类的一大步"。

近来，"登月"成为企业热词，因为谷歌母公司Alphabet的创新部门——名字就叫X——将自己命名为"登月工厂"。X启动了一些极度创新的项目，包括Waymo自动驾驶汽车和Loon气球项目（建造的目的是让全世界的人都用上互联网）。看到这些，你忌妒吗？可以理解。一支资金充裕的智力大军，可以构思和实验一些真正改天换地的想法——这个画面无疑极其诱人。但是，我们很容易忘记，这些点子在被公开时已经很成熟了，而我们对这些项目一步一步演变到今天的过程一无所知。

大家都知道，登月计划是庞大、昂贵的冒险之举，这"人类的一大步"当初足足花了8年的时间进行系统性研究开发，更不用说此前几十年间大量默默无闻的努力。向前的每一小步，都组成了登月天梯上的一个横档。没有坚实的、看不见的后台工作，就不可能有璀璨夺目的成就，我们必须投入耐心和资源，才能浇灌出成功之果。换言之，当企业构思自己的登月计划时，更为重要的是能踏踏实实建好梯子，而不是急于搭建光鲜的发射架。

建设一个登月的梯子听起来是一件枯燥乏味的事，但我得告诉你，这梯子还真起着大作用：它能让你在必要的时候产生超常规的能力。建发射架的时候，你把所有资源都用于建这一个装置，得到一次令人激动的抵达外太空的机会。但是如果你建一个梯子，从最底部开始，逐步搭建，即使第9个横档早于第4个横档出现，你也得按步骤来。建梯子的过程是有机增长过程，即使它让人感觉琐碎和杂乱。建梯子让你对达成目标的理解非常全面和深刻，能让你上上下下多次，而非把所有能量全部寄托在单次的伟大尝试上。

商业化的火箭公司SpaceX也是一例。它的创始人的终极野心是征服火星（所以我们会听到"火星移民计划"）。SpaceX 的项目也经历了超常规的建梯子的过程，体验到了"慢工出细活"的重要性。以下是 SpaceX 的大事记：

2001 年：SpaceX 小步试水，向其宏大目标迈出了第一个小步。他们尝试使用便宜的第三方的俄罗斯火箭把一个绿色大棚送上火星。发现能租到的火箭全都贵得离谱，他们决定自己造火箭。

2008 年：SpaceX 首次发射的太空船进入轨道（注意：7 年时间过去了，7 年了！伙计们！）。

2010 年：要想把商用火箭飞行的成本降得足够低，让非亿万富翁也付得起费用，就意味着火箭必须能回收并重新应用于飞行。SpaceX 集中精力，磨炼这方面的技术，终于在 2010 年实现了回收，但是重新利用还为时尚早。

2012 年：为了让公司财务上能生存，SpaceX 启动了副业——太空配送服务。同年首次向国际空间站发射了宇宙飞船，为空间站提供了补给。

2013 年：继续为空间站运送补给。

2015 年：SpaceX 首次实现在地面和海洋平台上控制着陆。

2016 年：公司开始研究发射由 4000 颗卫星组成的通信网络的可

行性，此举将为全球提供互联网接入。这个业务的经营利润可以为其星际探索的野心提供资金。

2017 年：SpaceX 首次实现了火箭的重新利用。（这一横档 SpaceX 在 2010 年就想要，但是直到 2017 年才实现。）

回顾 SpaceX 的历史，虽然其终极目标是登上火星，但聪明的创业者们知道从小处起步，步步为营。公司很快放弃了不现实的直接登上火星的目标，取而代之的是发展自己需要的能力，逐步实现目标。这种方式和渐进主义说的"持续创新"不同，因为每走一步都比前一步更有挑战，甚至有几步之间的次序是混乱的。

把登月设为目标没有错。但是期望一步登天，注定会导致失望。应该一步一个脚印地前进。

渐进式领导者

- 只关注解决方案本身的规模，而问题的规模往往比目前方案的规模大得多，因此他经常毙掉看上去微不足道的解决方案；
- 梦想着发布新产品后的那一天，而非本年度团队能实现的小进步；
- 在他的计划中，增长是连续的、线性的，发射火箭到抵达月球的过程自带加速度；
- 更关注如何让创业项目规模化，而不是帮助那些合适的创始人和顾问起步。

增长式领导者

- 先解决眼下问题的前几个碎片（随着时间流逝，正是这些碎片构成了通向终极方案的梯子）；
- 关注一系列尝试或机会的组合，而不仅仅下赌注在单次的火箭发射上（在"机会组合"的思想指导下，各团队可以从失败的尝试中汲取教训，再尝试、再学习，让另外一个方向的解决方案逐步接近成功）；
- 愿意"超常规"地学习，只要这是保持前进势能所需要的；
- 等到时机成熟时才开始考虑规模化。

9. 警惕成功假象

我们都知道，没人喜欢失败。但你知道什么比失败更可怕吗？答案是伪装为成功的失败。成功假象是硅谷创业家埃里克·莱斯在其著作《精益创业》中提出的概念，他形容这种行为"让外人觉得你很成功，却花光了你本该花在服务客户上的能量"。成功假象通常和虚荣指标相伴。虚荣指标指的是那些让企业看起来很棒的数据，但实际上无法反映业务的真实健康状况。

例如，某个创业网站流量很高但转化率很低。它的内外部报告就可能偏重流量数据，以展示出一幅漂亮的图景。有个说法叫"能衡量的东西就能管理"（What gets measured gets managed），于是，流量变成了团队的焦点，也许投资者和顾问们也支持这么做。但是如果该业务更应关注的衡量指标是转化率，那么这家公司就将走偏。

成功假象的概念对成熟企业来说也不陌生，毕竟，那些为了华尔街分析师而优化的季报数据，也算是一种成功假象。在利润不够高的时候，通过大幅削减资产来人为提高资产回报率（ROA），就是典型的成功假象。（这种做法臭名昭著，但真实存在。）

在推出新业务方面，成功假象可能带来致命后果。多数企业习惯于聚焦几个庞大而安全的项目，却不熟悉创业项目高风险的本性，一半以上的创业项目最终会死掉。理想状态下，随着时间推移，成熟公司会习惯于此，培育一系列小项目，从中发现成功的苗头。但是如果它们只是假装接受这种发布和支持新产品的思路，这种伪装会导致它们掩盖失败，而不是积极面对（记得我们讨论过的僵尸项目吧？）。

警惕成功假象，意味着领导者要成熟和坚强起来，愿意及时听到并传递坏消息；意味着要衡量公司运营的真相，而不是在指标里筛选那些"好看"的指标。这么做能增加团队成员的信任度，因为所有的沟通都基于现实，而不是建立在幻想和权术操作上。这还意味着，当你向所谓的"好消息"跌跌撞撞而去的时候，你可以相信那的确意味着希望，而不是虚幻之光。结束成功假象能让你解放人才和资金，将这些投入到真正有潜力的项目上。

渐进式领导者

- 关注选定项目成功的方面，不去看这些项目的整体表现；
- 隐藏失败，因为这会让他在公司的政治斗争中失利；
- 刻意回避业务的薄弱点；
- 对业务有两套观点：一套是真实的，一套是对外宣布的（包括对团队成员）。

增长式领导者

- 把业绩指标放在更大的背景下呈现,好就是好,坏就是坏;
- 对那些显示新创意弱点的信号和指标进行仔细研究,从中找到改进机会;
- 聚焦创新业务在市场上是否成功。在实验阶段的小失败和成功可以帮助团队学习,但是要带动增长就必须能在真正的战场上打赢;
- 不把成败归因到个人。

10. 成为左右开弓的领导者

每个领导者都要面对一种矛盾:推动新业务的同时要兼顾那些已有业务的运营。过去,开疆拓土是创业者和研发团队的事情,管理已有业务才是经理人和高管的事情。但是真正的增长式领导者必须在两方面都训练自己,让自己成为左右开弓的人。

早在 1991 年,斯坦福大学教授詹姆斯·马奇(James March)就试图告诉我们这个观点。他发表了题为《组织学习中的探索和利用》的论文,提出了平衡新业务与旧业务在领导力策略中的重要性。马奇指出,创新探索型工作因为不确定性高、耗时长,常常是相对脆弱的,很容易被忽视。但开发现有资源来挣钱,则要保险很多,因为探索新东西是在冒很大的风险。绝大多数组织在训练自己成为开发层面的巨星,并列举了一长串基于开发的成功案例,探索性工作的吸引力则越来越弱。公司或许可以用现有产品、服务和核心竞争力续航相当长的时间,但是如果全然不顾创新和探索，必将导致业务停滞和衰败。

"拥有创新上的灵活度的唯一途径，就是建立一种期待且接受变化的文化。这会使得变化的过程不那么痛苦。"说此话的是脸书前产品副总裁费姬·西莫（Fidji Simo）。"在建设这样的企业文化时，你需要让员工负责解决一个问题，而不是负责一个产品；不断强调大家都在一个不断变化的市场中工作，而变化才是正常的；尽早发布产品，获得客户的早期反馈，然后据此进行调整。如果能做到上述这些，你就创造了一个可以吸收甚至借助变化的组织——这对企业的长期发展是至关重要的。"

企业底层团队当然应该分工明确：创新团队负责发现新机会，运营团队专注于执行好现有的计划。但是在高管层面，你必须能同时做好两方面的工作。

成熟企业比初创公司强的地方在于，它们既能把新业务变大，又能把大业务变得更大。想要达到这种左右开弓的境界，必经之路是领导层能同时用两套说话方式说话，创造两种能力之间的接口。公司领导可能在早上分析一个战略规划，在下午辅导一个创新团队，这种思维转换需要脑力灵活，而这种灵活来自练习。在追求增长的路上，你最大的挑战就是做到左右开弓。

渐进式领导者

- 在公司设立孤立的部门来负责创新和探索，此部门的活动是和其他部门完全分离的，没有整合在一起，缺乏连接；
- 注重利润的成功，而非推出新项目；
- 为核心业务利润下降感到焦虑，而不是为新机会欢欣鼓舞；
- 让现金在资产负债表上堆积或将其用于股票回购以提升股价，而不愿意投资增长机会。

增长式领导者

- 在领导者的工作要求中明确提出两手都要抓——业务运营和业务开拓，并设立相应的激励措施；
- 在领导者梯队的建设中，设计专业的培养计划，同步建设创新能力和运营能力；
- 将负责开拓新业务的流程和团队作为整个组织的有机部分来打造，而不是让他们边缘化或者把他们送到硅谷去；
- 用对工具。用增长式思路来评估"从新到大"，而不是采用传统的效率思路。

从理论到实践

本书的第一部分，我们推出了一套理念，对比了"从新到大"和"从大到更大"，研究了那些在成熟企业和创业公司中造成显著不同影响的市场因素，解释了从TAM转向TAP的重要性。我们也探索了企业领导者要推动增长必须要做出的思维改变。这部分，我们都在谈"为何"：为何旧方法不奏效，为何我们需要朝着新方向走。

下一部分，我们的重点是"如何做"。我们将讨论，当你在自己的组织里安装增长操作系统时，你应该采取的步骤和应用的策略。

准备好了吗？让我们开始吧！

第 5 章
发现未被满足的重大客户需求

在解决问题前,我们先要定义问题。我们需要知道,谁在遭受这个问题的影响,影响频率多高,影响深度如何。当我们为一个目标人群设计产品或服务时,我们要研究其行为、使用模式和日常烦恼,这些研究会助推我们找到最有力的解决方案。所以建立增长操作系统的第一步,是弄清楚我们要解决的问题,以及有哪些技术和促成因素可以用来解决问题。简而言之,我们要特别重视"发现"[①]。

从规划模式转向发现模式

创业公司知道正确的起点不在答案,而在问题。"客户还没有满足的需求是什么?该如何用(比现有方案)好得多的方式来

[①] 原文是 discovery,下文我们会灵活混用"发现"和"探索"表达同样的意思。——译者注

满足他们?"如我们在前面几章所坚持的,不要把自己钉死在"我们能交付什么产品""谁会买它们"这样的点上,而应该放宽眼界,去理解人们到底需要什么。每当我们发现一个可以用新技术或可行方案等不同方式来满足的客户需求,我们就找到了新的OA。从未被满足的客户需求出发,而不是从我们自己的核心能力出发,可能会让我们感觉异样、尴尬、违背直觉,但这种转变可以让公司转向真正的增长和建设性的创新。几乎所有意义重大的创新都是九死一生的,我们必须从人们每天感到头痛、苦恼、挣扎的事情出发,而且这个客户群体得足够大。

问题在于,技术更新和应用的步伐在加速。从没有电话到一半的美国家庭能用上电话,经历了近50年,可是手机仅仅用5年就达到了同样的渗透率。电直到被广泛应用30年后才达到10%的渗透率,可是平板电脑只用了短短5年。像手机、平板电脑这样的新设备、新系统和新服务被研发出来前,客户根本不知道自己有这样的需求,而一旦这些创新进入市场,客户却张开双臂、打开钱包来欢迎它们。

在外行人看来,这些开创了市场的新东西似乎是从天而降的。谁能预见P2P商业模式或是区块链?这些概念如此新鲜,如此发散,它们和我们原有的概念大相径庭,毫无可比性,甚至看起来有点儿可怕。这些新东西,不仅客户不了解,连我们自己也不太了解,当然无法对其制订规划,也无法预测能卖出多少——因为之前没有人卖过类似的东西。但从目前的趋势来看,那些未知的市场正是我们要集中投入能量、精力和资金的地方。

传统的MBA工具箱——TAM分析、财务预测、客户细分、竞争分析,还有市场进入战略,这些工具的成功都基于已知世界,基于"未来几年和过去情况差不多"的假设。但是当你面对未知世界，面对飞速变化的市场、商业模式和技术时，这些工具的效用会大大降低。在未知世界里，业务战略规划不管用了，因为你都不知道目标是什么；在新世界里，你必须换个思路，用探索和发现的模式前行。

发现模式是如何运转的

探索不是始于某个解决方案——某个我们一厢情愿地相信可以占领某个市场的东西——而是始于一个问题。更准确地说，探索始于针对某个人群的一个问题，这个问题和他们生活中的某一方面相关。他们在琢磨的头号问题是什么？他们最为努力解决的问题是什么？他们有何尚未满足的需求？目前他们如何尝试解决此问题？

我们提问，而不预设答案，这种心态让我们能理解目标人群真正重要的问题。例如，提供传统金融产品给工薪阶层的公司，以前并不关注零工经济中的劳动者的需求。他们有什么需求？这个问题会把我们引导到"优质猎场"，在这里，我们能找到解决重大痛点的生意，还能真正有机会创造全新的产品来满足那些尚未满足的需求。延续上面的案例，我们该如何满足零工和自由职业者（和固定薪资工作者比，他们的收入不太稳定）的短期流动性需求？

发现的过程可以简要总结如下：

1. 组建一个善于发现的小团队；

2. 选一组潜在客户，聆听并观察需求；

3. 考虑有什么促成因素有助于满足他们的需求；

4. 理解业务版图的现状和新趋势、相关的技术路线图和创业／风投生态系统；

5. 把以上所有信息输入网格来识别每一个OA；

6. 考量每一个OA的规模、时机和它与我们的适配度，逐步淘汰掉一些OA，找到值得重点考虑的OA，即我们打算启动新业务的猎场。

让我们来逐个解释每一步骤：

1. 组建一个善于发现的小团队

探索性工作的领导者，应该能超越公司的现有业务，展望未来可能的突破。此人可能是一个总在组织里唱反调的人，或是某个有鲜活想象力的人，总是敢于标新立异。这个领导者也要有足够高的职位和威信，在直面CEO时敢于持不同意见。通常情况下，

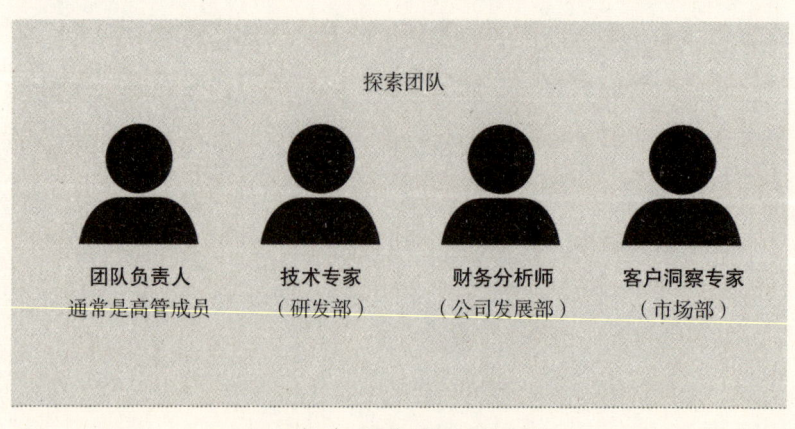

探索团队

| 团队负责人 | 技术专家 | 财务分析师 | 客户洞察专家 |
| 通常是高管成员 | （研发部） | （公司发展部） | （市场部） |

图 5-1 探索团队的构成

此角色由某个痴迷于探索公司未来的高管担任。

和探索团队负责人一起工作的，应该是三四个喜欢深度追问、能够突破边界、勇敢创造的人。团队里可能有一个财务分析师，帮助分析市场规模；可能还有一个来自公司战略投资团队的人，他熟悉创业趋势和风险资金的动向；可以考虑增加一个研发部门的技术专家，这个技术狂人的认知比当前技术曲线领先5年；还可能有一位客户洞察专家，他善于研究人性、行为习惯和动机。仔细考量你要进入的领域和要探索的范围，列出对项目有助的角色和个人特点，然后把他们招募进来。

以上探索过程通常耗时10～12周。接近尾声时，你会发现有的成员适合继续在"从新到大"系统中发挥作用；或者他们可以调回原来的岗位，继续充当创业团队的顾问或者编外资源。这两类人对增长操作系统的贡献怎么强调都不过分，他们的任务主要就是发现和整合OA，并创造一种认知基础，来引导领导层确定投资方向。

2. 选一组潜在客户，聆听并观察需求

探索工作开始于对人的研究，但不是研究所有人。为了把有限资源聚焦在一个合理范围内，我们需要确定，哪个人群——有某种人口特征、心理特征或亚文化特征——有重大需求，我们相信可以为之找到全新的解决方案。我们瞄准的人群可能尚嫌广泛，例如，老人、年轻妈妈、住在父母家的"00后"、活跃的单身男子等，但这已经让我们的初步探索工作有了一定程度的聚焦。

我们的兴趣在于确定客户痛点，但正如我们在第3章和第4章里反复强调的，痛点不是直接问出来的。相反，我们要在客户

的自然状态里观察他们。我们用的研究方法强调亲自参与和一线调查，这种方法并不是我们专有的，也不是全新的，在人类学和社会学中都很常见。

探索团队通常先研究消费行为比较极端的细分客户，以便快速抓到一些客户需求（回想一下第3章提到的糖果的例子，访谈了糖果店店主和已经十几年没吃过糖的人）。这些人格外有意思，因为他们要么有明确的痛点，要么正在通过新方法解决老问题。如果是后者，我们通常可以改进他们的临时替代方案，来服务更大的人群。重点研究这些极端案例，能启发我们思考全新的方案。

随后，团队将转向研究更广泛的对象，深入他们的工作、居家和通勤等场景。例如，与其直接问人们在准备做饭和买生鲜食品方面有何苦恼，不如看看他们的冰箱和食品柜，问问他们本周每天晚饭吃什么，了解他们是否去附近的农贸集市，观察他们给孩子带什么午饭。我们想了解他们的日常生活，理解驱动他们日常行为的价值观和信念。然后，我们需要更进一步，深入探究更细分的人群和场景，找到他们的核心需求。

例如，在与一家包装食品公司的合作中，我们聚焦妈妈群体，研究她们的购物、烹饪、零食、食品存放、去餐厅的习惯及其他相关因素。我们观察她们怎样使用预包装食品，发现虽然她们都喜欢预包装食品的便利性，但那些有丈夫和青春期儿子的妈妈会说，家里的男性需要更大分量的食物。于是妈妈买了更多的补充食品，加大备餐分量，结果导致自己体重增加、胆固醇上升。基于以上信息和其他几个观察，我们发现，这些女性认为家人的营养充分比她们自己的健康饮食更重要。这不是她们异口同声说出来的，而是我们比较有把握的一个推理，依据就是对她们的观察和研究。

这项客户研究的一个关键点，就是要访谈来自全国多地的目标对象，这样得到的观点才能确保覆盖到各种层次和不同文化。访谈小组的人数要控制住，你要观察并倾听，从不断浮现出的迹象里进一步推理。识别出那些你反复看到、听到的事情，找到它们反映出的客户问题和需求。

3. 考虑有什么促成因素

下面我们要转向如何设计创新的方法来解决已经确认了的客户问题。重点在于借助相关的促成因素——趋势、技术或商业模式——来达成解决方案。某个全球金融机构该如何创造性地应用好众筹？区块链智能合约该如何应用于分布式供应链，来保证透明性，记录好合规的、可持续的操作（以及相反的行为）？

大多数客户问题存在已久。我该如何调整饮食？我如何让自己更好看？我该如何与亲人沟通？新的促成因素有希望带来某种比现有解决方案好得多的全新方法。

所以在2019年，我们把目光投向了一些新的促成因素：分层种植、人工智能（AI）、3D打印、区块链、虚拟现实、无人机、全球互联网接入、微生物组研究、基因编辑等。20世纪90年代科幻电影里出现的所有东西，现在都已经成为现实而且人人可得，这真是很神奇。此外，我们也关注全新的或者企业未曾关注到的商业模式：直销、B2B、垂直整合等。

我们希望探索团队集中精力在那些可能用来解决目标客户问题的技术和商业模式上，同时对其他可能性保持积极的想象力。假如，某个时尚品牌想提供个性化的客户体验，公司方也许会说：

"这方面人工智能可帮不上忙,我们不能让机器人直接面对客户。"可是,人工智能并不只是机器人,它还包括语音识别、情绪分析、聊天机器人等技术,这些都能被应用在电商和实体店体验中。考量一个问题的促成因素时,我们要让思路尽可能开阔,这样才能看到无数的可能性。

围绕要解决的问题,我们把大部分能量用来识别和分析每个促成因素与问题之间的关系,最后通常能列出三组清单:

1. 也许可以用于解决此问题的促成因素和商业模式;
2. 我们的竞争对手已经用于解决此问题的促成因素和商业模式;
3. 那些酷极了却对解决此问题完全无用的促成因素和商业模式。

在与我们合作的那些公司看来,这些促成因素中有不少既令人激动却也有些古怪。用 3D 打印和无人机?也许菲利普·K. 迪克(Philip K. Dick)①的小说里可以这么写,但一家能源企业或者饮料制造商能用吗?我们仔细做功课后发现,有好几十个利用 3D 打印和无人机技术给市场带来新解决方案的创业企业已经拿到了风险投资。现实和幻想可谓亦步亦趋。虽然第三组那些酷而无用的促成因素会被我们果断放弃,但我们在第一组和第二组里保留的促成因素通常要比第三组多得多。

在探索促成因素时,我们尽量避开那些已经在市场上占据压

---

① 美国知名科幻小说作家。——译者注

倒性优势的方法，避开最拥挤的红海。我们不会说："嘿，让我们用手机 App（应用程序）来解决交通需求吧！"——因为 App 这个方式早就被做得非常彻底了。如果我们要设计交通方面的解决方案，我们一定会关注那些刚刚冒头的促成因素的潜力。

4. 理解生态系统

痛点和促成因素都不是孤立存在的。一旦团队锁定了两者，下一步的任务就是考虑影响目标市场的每一个因素，从该领域的新进入者到新趋势，再到意料之外的战略合作。我们要从已经完成的步骤跨回几大步，仔细审视我们能看到的所有相关活动。这种广度思考能帮我们形成对这个行业变迁的整体看法，绘制一幅市场格局的宏观地图。

然后我们把玩家和事件纳入地图，思考他们在近几个月或几年里的互动和变化，就能逐渐看清一些轨迹和模式了。我们看到大家在过去做了哪些事，哪些因素被忽略，哪些尝试惨败了。例如，无数公司反复宣称 3D 打印是个性化解决方案的未来，但我们一直没有看到它在这方面的大规模应用（然而，3D 打印在加速产品研发、提高制造效率方面已被证明极其有用）。我们在其他行业也观察到类似的现象：有些点子本该成功，却功败垂成。如果足够幸运，我们还能找到其本质原因。

理解整个生态系统至关重要，因为一方面它能让我们搞懂哪些因素在影响市场，另一方面它能帮我们把握时机（记住，我们要在正确的时间点做正确的事情）。我们必须站在 5 万英尺的高度，才能预测到那些重大促成因素和消费者行为的变迁何时会迎面撞上，并且确保我们能够抓住这个难得的时机。

我们不妨快速看一个好莱坞的例子。几十年来，电影制片人和工作室都坚持认为，如果用黑人为主的演员阵容去面对美国非裔市场，影片肯定不会挣钱。可是你大概率知道，2018年上映的漫威电影《黑豹》几乎全部用了黑人演员，该电影成为漫威系列的票房冠军，并在历年的首映周末票房榜上排名第五。

不可否认，《黑豹》成功的部分原因是时机。过去10年里，新的全球平台（谷歌、YouTube、脸书、推特等）涌现，人们用这些平台来推广包容性、多元化和讨论各种社会公正议题。结果之一就是少数族群元素在流行文化中得到了爆炸性增长（当然这些变化只是个开始）。

不止是社交媒体，电视节目、电影、音乐和新闻也广泛反映了种族斗争和不公正现象。美国的警察枪击和袭扰，白人至上组织的重新出现，大规模黑人持续入狱，成百上千针对黑人的攻击事件……这些长期被掩盖的大大小小的问题，再也藏不住了。社会运动组织——如"黑人的命也是命（Black Lives Matter，简称BLM）"及其活动，赢得了大量的媒体报道，使得种族歧视话题成为美国全国性大讨论的常见主题。2018年的美国社会政治氛围，比20年前甚至5年前更积极呼应和投入这些话题。随着这些讨论更常见，能量也越聚越多。

所以，当《黑豹》2018年在美国黑人历史月上映时，不同种族和背景的观影者已经酝酿好了情绪。该片本来就富含社会公正话题，电影的片方仔细选择了能引发这方面热烈讨论的艺术家和合作者，其中包括高产的说唱歌手肯德里克·拉马尔（Kendrick Lamar）——他一贯大力倡导种族平等，本片特地请他负责背景音乐。此外，还有著名艺术指导和黑人科幻艺术家汉娜·比奇勒（Hannah Beachler），你可能记得她的作品——碧昂丝破纪录的专辑《柠檬水》。

当然,《黑豹》不是第一个把黑人刻画为超级英雄的电影(还有《流星侠》《城市呆侠》《刀锋战士》《X战警》和《美国队长》),但是用文化评论家卡维尔·华莱士的话说:"以前的超级英雄的黑人身份似乎是偶然的,但《黑豹》中超级英雄的黑人身份则被刻画得非常有针对性。"再强调一遍,20年前,如此刻意倾向黑人的角色设定,肯定会被一部分观众甚至电影制片人看作是财务上不负责任的选择。但在2018年的美国,无论是在财务上还是伦理上,这个选择都是有力且明智的。

时机并不决定一切(记住,你要做的事情首先得是对的,同时时机正确),但《黑豹》破纪录的票房表现表明,时机可以让一个好点子变成爆款产品。

事实已经证明,生态系统的探索是Bionic和每家公司的合作中不可或缺的环节。在和某家预包装食品公司一起探索市场时,我们发现该公司面对的竞争非常多样、多变。我们注意到,谷歌——一家在营养和食品领域不常出现的企业——其实对基于植物蛋白和人造肉蛋白的未来食品发展极为看好和热衷。除了蓝瓶咖啡①,谷歌在其20多年的历史中一直避免投资食品和饮料。但在2015年,谷歌风投开始大举投资食品科技公司Soylent、植物蛋白食品公司Impossible Foods等多家蛋白方面的创新企业。我们和合作伙伴刚开始生态系统探索时,把目光锁定在预包装食品领域的《财富》500强企业,但后续的研究迫使我们打开视野,看得更广。

有这些研究结果在手,我们意识到我们的合作伙伴没必要太关

---

① 蓝瓶咖啡是一家强调绿色咖啡豆和供应链整合的创业公司。——译者注

心常规竞争对手的所作所为,而应该更关注前五大科技公司的动向。我们的生态系统研究证明,传统竞争格局将在几年内发生巨大变化。

5. 绘制"发现网格"

我们在第 3 章首次提到机会地带（OA），提到了要把公司定位在客户需求和潜在解决方案的交叉点上。在此,我们要拿出白板笔,画出网格图,然后找到上述的交叉点。

网格图练习可帮助我们对生态系统的全貌有更清楚的了解,也能启发我们找到那些未知的 OA。以下是具体步骤:

- X 轴上是所有潜在促成因素（技术等）;
- Y 轴上是我们的目标人群最为苦恼的所有问题;
- 假如某竞争对手企业用 X 轴的某一促成因素解决了 Y 轴的某问题,那该企业的名字就出现在两者的交叉点上;
- 如果没有企业能用 X 轴的某促成因素解决 Y 轴的某问题,那两者的交叉处的空白就可能是一个不错的、即将成熟的 OA。

网格例子

合作伙伴：主要航空公司　细分市场：商务人士

促成因素

问题 & 需求	区块链	虚拟现实/增强现实技术	人工智能
与经理/雇员面对面地联系			
与同事碰头谈业务		META*	
销售交易的关单			
发现和研究竞争对手			
走访合作伙伴的公司/办公室			

Y轴代表问题和需求：通过调研商务人士，了解他们的商务需求和问题。
X轴代表促成因素：解决问题和需求的新工具有哪些。
*META：一家创业公司，专注于用增强现实技术来提供新一代电话会议系统，以3亿美元估值拿到了5000万美元的投资。

这看上去如此简单，但非常有效。在完成之前几步研究后做这个网格，你已经发现了竞争者犯下的错误，了解到每家公司从投资者那里拿了多少钱，也对每个竞争者的收入水平有了大致的概念。等你把所有这些信息用网格方式展示出来时，你就开始看到行业的动态和热点所在了。你能看出行业内的长期玩家做过什么动作，新资金投向了哪里，其他风投在投向什么。也许最重要的是，你能看到那些还没有人想到要投资的空白机会。

这些空白的存在有两个可能：其一是交叉点上并没有真正的机会，其二是别人还没有发现这个新机会。如果是后者，那我们的团队已经发现了一个有价值的OA，锁定了我们的猎场。我们为一个真实世界的问题排查出了创造性的解决方案，然后据此决定了在何处集中投入精力和资源。还有一些市场空间，对资源有限、基础设施匮乏的初创公司来说是明显的禁区，但对大机构来说不妨一试，因为大机构可以用规模优势和市场地位来赢得这样的空间。这种 OA 仍然成立，只不过要求不同的赢法。

说实话，面对一张画完的网格图，仔细斟酌那些空白地带，这种体验奇妙无比。所有的人种学研究、头脑风暴、新技术探索、竞争对手剖析……探索过程中的血汗和泪水全部凝结成了这美妙的网格——这可以让我们规划出未来商业蓝图的网格。我们能看出在何处已有很多人发力，在何处有启动迹象，在何处未来 5 年将动作频频，以及何处还无人问津。

除了告诉我们该在何处、何时启动新业务，这张网格还另有妙处。如果网格上的某一问题没有新的促成因素，那就是我们的研发经费应该投入的地方。如果某一问题已经被某公司出色地解决了，我们或许应该考虑并购该公司。这张网格不仅能指导新业务的发现，还能提供一棵决策树，作为公司谋求增长的全面战略的起点或基础。我们设计网格的本来目的是激发内生式业务（公司内部创业）的涌现，但它也让我们识别外部商业机会（战略合作和并购对象）及研发投向。它帮助我们多维度地、深入地理解和思考问题，并作出正确决策。所有这一切，都源于一张简单的手绘网格图！这些恰恰是公司增长委员会要在他们的增长投资组合中作出的战略决策的一部分（关于"增长投资组合"，详见第 7 章）。

6. 分析每一个 OA 的规模、时机和适配度

为了不断缩小范围，设定潜在狩猎场的边界，我们探索的最后一步是深入思考每个入选 OA 的规模、时机和适配度。探索的本质是找到机会点，以便后续团队可以全力投入，而这最后一步是

要确保我们选定的项目是合理可行的。在这一步，我们要站定并考量那些通过了之前初选的 OA，决定哪些真正值得去做。

这种决策，一半是艺术，一半是科学。

先看规模。我们要去掉那些影响力和持续获利潜力有限的 OA。风投公司安德里森·霍洛维茨（Andreessen Horowitz）的本尼迪克特·埃文斯（Benedict Evans）认为，考量一个全新的产品或方案时，要拷问两个方面："首先，你要跨越现状，展望将来这个产品能变得多好、多便宜；第二，你要思考谁现在会买它，将来产品更物美价廉了，还有哪些人会买它，以及各种用户会如何使用它。"

理想的规模研究路径是通过代理市场（proxy market），探究一个类似或有可比性的产品是如何被客户看待、使用和消费的。有的 OA 比其他的更容易找到代理市场。假设我们想估算自动驾驶汽车的机会规模，我们手头有海量的传统汽车的购买习惯数据，虽然自动驾驶汽车很新，但它和传统汽车足够相似，我们可以通过挖掘已有数据来做出合理预测。相反，无人机则很难找到合乎逻辑的代理市场。过去如果我们想得到航拍的照片，通常要用直升机来完成，但买得起加了摄像功能的大众版无人机的人，要比租得起直升机的人多太多了，很难用存量的航拍市场数据去估算无人机市场的规模。

如果实在找不到合适的代理市场，我们也可以退而求其次，研究一些可比性不那么强的相邻市场（adjacent market）。我们要清醒地认识到，有时候根据代理市场推导出的数据最终会错得离谱，所以要借助尽可能多样的市场和信息源来交叉印证我们的猜测，以此尽量提高预测的可靠性，然后再向前走，考虑时机。

对时机，我们首先要问："眼下是否存在什么障碍，会使得执行这个 OA 难度重重？"最常见的障碍是政府法规，可能体现为明令禁止某件事情（例如美国政府禁止亚马逊采用无人机送货），也可能是还没有足以保护我们的新项目的法规（例如关键技术的专利申请、更严格的版权保护等）。

接下来的问题是："为何是现在？"假设有很多创业者和我们差不多，或者比我们还聪明，他们的类似尝试都失败了，如果我们要追逐这个机会，就需要了解世界、市场和我们的自身能力和其他创业者相比有哪些变化，使得我们值得"重试"。前头探路的先锋和我们一样聪明，甚至更聪明，也不缺资源，但他们还是失败了，那么，究竟是什么重要因素——技术、促成因素、法规或者消费者口味——现在具备了，而当年没有？

Bionic 正和一家提供口腔健康产品的公司合作，看看在"基于互联网的交互性"方面有没有新机会（不，其实我们也完全不知道这个新技术和口腔护理能扯上什么关系）。我们与公司团队一起走过了大部分探索流程后，试图说服团队切换方向。我们说："交互性是个既模糊又狭窄的概念。不如设计一个像闪电一样快速的牙刷？如果我们把人们的刷牙时间从两分钟减少到 10 秒钟，他们不是会欣喜若狂吗？"

接下来的时机研究却证明，这样的产品不可能做得出来。因为还不到时候。支持这个功能的技术还不存在，看起来这种产品 10 年之内也没希望问世。所以我们只能改变思路，再探索另外一条路。

时机选择就是要拉开视角，系统性地审视整个生态系统。我们要自问："这合理吗？时机合适吗？"就像俗话说的，要等到星星都为你集结完毕，如果还没有，它们也应该即将达到正确位置。Bionic 团队已经碰到过多家公司在错误的时间点推出新业务导致惨败的案例，几年后有人带着同样的点子卷土重来，却大获成功（还记得第 3 章宠物食品电商平台的例子吗）。

最后，我们看看适配度："这个 OA 和公司的核心能力是否匹配？和公司使命是否一致？目标是否有足够的吸引力？"

这里要明确的是，目前的能力强项不应该成为自我设限。在评估适配性时，我们需要超越现有的核心能力。要做到真正的创新，必须能看到我们目前擅长的事情之外，想象未来我们能用同样的能力开拓崭新空间，或者想象打造新的核心能力以补充现有能力，变得更强。

你们听说过爱彼迎，但你们知道怎么通过它和哥斯达黎加的当地人一起冲浪吗？

在爱彼迎还没有诞生的时候，有两个住在美国旧金山的室友正在为付租金发愁。当时旧金山在举办一个设计大会，他们想：如果我们在地板上铺 3 个充气床垫，就可以对来旧金山开会的设计师收点床铺和早餐的小钱。果然，3 个客人上门了，每人付了 80 美元。两个室友意识到他们找到了一个有意思的东西。

当时是 2008 年 8 月，会议结束后，乔·吉比亚（Joe Gebbia）和布莱恩·切斯基（Brian Chesky）重新联系上了他们在大学时的室友柏思齐（Nathan Blecharczyk），一起建了个网站。这个起名为"空中床铺和早餐（Air Bed and Breakfast）"的网站上线时，提供的是室友配对服务，并不提供租房服务。但当时有一个叫 roommates.com 的网站规模更大，很快就把这个新网站压垮了。于是创始团队回到了他们最初的模式，重新上线。没人关注他们。在 2008 年美国西南偏南音乐节（SXSW）期间，他们第三次上线，尽管音乐节有上万名参加者，他们却只找到两个客户（其中一个还是切斯基本人）。

无论如何，他们还是决定去融资。他们尝试接触了朋友介绍的 15 个投资者，有 7 个对他们的介绍不感兴趣，另外 8 个直接回绝了他们。到这一阶段，他们已经破产且负债累累。

紧接着，美国民主党全国大会在丹佛市召开，传统的酒店无法容纳如此多的外地参会者，3 个创始人一下子发现了几十个想通过接待参会者来挣点外快的房主。流量上升了，但网站还是不赚钱。为了增加收入，创始人们重新设计了麦片盒子，印上当时的民主党领袖奥巴马和麦凯恩的名字，在民主党大会的街边出售，标价 40 美元一个。几天内他们赚到了 3 万美元，这可是救命钱！

终于，风险投资人保罗·格雷厄姆（Paul Graham）注意到了他们。格雷厄姆邀请他们到创业加速器 Y Combinator 面谈。Y Combinator 的角色是帮助年轻创业者进入资本市场，以此换取少部分股份，但是人驻 Y Combinator 并不意味着公司就成功了。在之后拒绝他们的众多投资者中，联合广场风投的弗雷德·威尔逊（Fred Wilson）是代表性的，他后来说："团队不错，但我们不能理解在起居室地板上放几个充气床垫，就能成为未来形态的酒店，所以我们没有投。其他投资人也看到了这个出色的团队，投了他们，剩下的就是历史啦。"

这的确在某种程度上创造了历史。3 个创始人改掉了原来冗长的公司名，新公司叫 Airbnb。创始人们亲自住进所有纽约的民宿，并逐一点评。当纽约的上线房源比其他城市数量低时，创业三人组租用了一台价值 5000 美元的相机，亲自给几十个民宿拍照，引来了 2～3 倍的本地订单，使得单个城市的收入翻倍。没过多久，红杉资本就给了他们超过 50 万美元的投资。4 年内，爱彼迎的业务进入 89 个国家，为超过 100 万人提供了过夜住宿。经过 7 轮融资，爱彼迎得到了知名投资机构如 Y Combinator、红杉资本、安德里森·霍洛维茨公司、创始人基金（Founders Fund）、TPG 增长基金、还有基思·拉布瓦（Keith Rabois）的投资，总额超过 7.764 亿美元。2014 年春天，爱彼迎的估值达到 100 亿美元，一举超过了著名酒店集团温德姆和凯悦。

爱彼迎当然没有把自己的业务局限在租房上。依靠充气床垫和自制早餐起家的它，后来增加了"活动、体验和旅游"服务。用户可以学习空手道或者冲浪，练习外语，和当地人一起探索罗马，甚至可以成为当地的志愿者。新诞生的体验业务的增长速度比租房业务的增速快 13 倍，体验业务的东道主每年收入能达到几千美元，有的甚至高达 20 万美元。

虽然爱彼迎的初心只是帮旅客找个晚上能休息的地方，但后来它的宗旨已经变成了"旅行的一站式服务商"，公司做出的每一个决策都在推动公司朝这个目标前进。尽管无数投资机构想象不到有人愿意付钱睡在一个低端的充气床垫上，尽管极少人能预见，有一天爱彼迎的核心功能居然会囊括所有和旅行相关的体验，它仍然不可阻挡地成了一家全功能旅行服务商。在短短 9 年里，爱彼迎在 191 个国家、8.1 万个城市里，有超过 500 万的挂牌房源，已经接待了超过 3 亿人次的住宿，收入超过 25 亿美元。企业的愿景很明显已经达成。

我们考察 OA 的规模、时机和适配度的原因——这也是整个探索过程如此关键的原因之一——在于增长操作系统的下一步是指派一个团队继续探索最有机会的 OA。如果要派一个团队全职为该项目工作好几个月,你需要对项目的潜力足够有信心:它的规模足够大,启动时点合理,有希望在公司获得成功。如果你不能严格从这三方面分析并筛选不合适的项目,就有可能在以下方面撞南墙。

你给团队太宽泛的指令,导致失败。你说:"研究一下千禧世代!研究中国!或者人工智能!"你的团队无从下手,或者对要从实验中验证什么认知毫无头绪,最后导致毫无进展。

你给团队太狭窄的指令,导致团队僵化。你说:"启动一个梦幻体育手机 App,为那些即将成为高收入群体的千禧世代服务!"面对如此特定化的任务,你的团队很可能一开始就会走偏,例如只对证据进行表层研究,只看到支持项目成立的事实(前面提到的成功假象),而不是认真倾听商业真相。他们如此行事,是因为你那过窄的指令给出的暗示不是"探索解决这个问题的多种方法",而是"去执行这个项目"!

探索的首要目标是尽可能精确地框定机会,计算其规模。你要仔细筛选出猎场,然后你的团队才能以全部信心投入其中,如果他们发现这个机会最终不成立,也不害怕回来对你汇报实情。

为何要费这么大劲儿去探索

有可能部分读者认为:"这个探索过程听起来像是常识啊,

怎么会有人不经过这些分析研究，就直接启动新业务呢？"也可能有读者认为："你在开玩笑吧，这过程太漫长了！难道不能缩短或加快研究过程，早点启动新业务？"残酷的真相是：探索过程必然需要时间、资源和仔细详尽的分析。

如果你用传统方式做研究，然后就开始开拓新业务，幸运的话，你可能会为一个真实、重要的问题找到切实的解决方案。但是如果发展过程中遇到一团糟的局面，你可能没有足够的信息来校正路线。如果你的方案面市后先成后败，你很可能不明所以。

相反，假如你投入时间精力去深入理解潜在市场，探究那些新促成因素，强迫自己去看清整个生态系统，你就可以把新产品建立在信息充分的、综合的、有全局观的认知上。你不仅知道该做什么，还知道没人尝试过这个新解决方案，它一定会给目标客户群带来可观的影响。这就好比你潜入了深海，带着准备好了的氧气瓶和潜水服，可谓有备无患。

现在，我们已经找到了机会地带，该去验证我们的发现了。

第 6 章
像创业家一样验证

How Companies Can Create Like Entrepreneurs, Invest Like VCs,
and Install a Permanent Operating System for Growth

在所有创业故事的种子阶段，不管创始人是在白板上还是在餐巾纸上描绘新公司的蓝图，故事都离不开4个核心假设：（1）他们找到了一个特定的人群；（2）这群人被同一个问题所困扰；（3）创业者的方案确实能解决该问题；（4）该解决方案的商业模式对创业者和客户来说都是成立的。每个成功的创业者都知道，这4个假设必须都成立，新公司才能增长，否则他们就只能在黑暗中徘徊，眼看着微薄的成功之光渐渐熄灭。

但成熟公司里的大多数，创业故事却直接跳过了这个种子阶段，决策者经常拍脑袋决定开始干，在客户问题和解决方案都没有得到验证时就贸然下大赌注。然后，他们把方案的实现和商业化混在一起推进，全然忽视了任何可能影响产品面市进度的认知。在这种环境里，真相会让位于按计划交付。

本章的主题是增长操作系统的另一个重要方法论——验证。验证是把我们发现的机会地带转变为靠谱的创业项目的必经之路。从定义上说，验证就是证实某事物的合理性。这很简单。在"从新到大"引擎驱动的创业生态系统里,验证是为成熟企业适配的创业工作方法。这个过程要证明的是一个有潜力的创业项目的商业真相(即从商业角度是否成立),在企业对新项目做出重大投入、正式启动和扩大其规模之前,这个过程至关重要。

我们想要帮助你后退一步,重新开始。我们要去除创业方法中的神秘成分,说清楚其机制和工具,让你可以快速、低成本地学习。因为俗话说得好,学得最快的人就是赢家。

验证的原则

验证本质上就是为成熟企业适配的、系统性的创业工作方法。我们借鉴了埃里克·莱斯的精益创业方法、斯坦福大学的设计思维和史蒂夫·布兰克(Steve Blank)的商业模式画布中的元素,总结出一套可重复的流程,帮助创业企业在最早的几个阶段能够通过实验,及时迭代自己的认知和方向。这个方法论的终极目的是提高创业者的学习速度,降低学习成本。

成立 OA 团队

首先界定谁来做验证的工作:那些你召集来做 OA 的同事,应该就是你公司内部最适合创业的人。他们可能来自公司的不同层级,但既然要为了 OA 团结作战,我们不妨叫他们"联合创始人"。也许其中一个成员原本已经是部门经理,另外一个则是刚入门的助理,但在验证团队里,他们应该是平等的。

作为联合创始人,他们不是要完成某个具体项目,而是要以解决客户问题为目标，验证（或否决）大量的点子。像创业圈的创业者一样，这些联合创始人必须能从模糊信息中找到突破口，喜欢折腾，有跨职能的丰富技能，性格方面也要为了成功能屈能伸（我们在第 8 章会讨论如何识别、选择这些能够胜任联合创始人的员工）。和创业圈不一样的地方是，这些联合创始人的任务是探索一个机会地带里的各种方案，用一系列的实验来缩小选择范围，最后确定一个创业方向。

在种子阶段，OA 团队小而敏捷，一般有 3 个全职的联合创始人：

商务：应该有很强的沟通能力，有深厚的商业拓展、销售或市场经验，在公司里人脉广泛。做过品牌经理的人可能非常擅长这一角色。这个人可以被看成是"创业 CEO"。

技术：可能是个福尔摩斯级的难题解决者，他的第一驱动力就是搞清楚一件事到底是怎么回事。此人分析能力强，有丰富的商业建模或产品经验。此人可能是一名软件开发人员、研发科学家甚至是一个有承销或风险管理经验的人——这要依你所在行业而定。此人是团队里的"建造者"（负责搞定方案）。

洞察：应该和客户联系紧密，渴望真正了解客户行为、动机和需求。此人可能是从市场部门转来的客户洞察助理。这个人是团队里"代表客户说话的人"。

指导联合创始人的是这个 OA 的高管赞助人，他能推动团队思考，保证验证过程的严谨，清除路障（我们在第 7 章讨论增长操作系统的风投特点及增长委员会时,将详细讨论执行发起人这个角色)。

构建靠谱的假设

每个创业公司都始于一系列对客户及其存在的问题、解决方案和商业模式的假设。为了验证(或否决)这些假设,我们要先识别其中包含的一些构想,否则我们就会承担巨大风险:还没有搞清楚"问题–方案–市场"这三要素是否靠谱,就匆匆忙忙地赶进度。一个好的假设通常由一些简单而凝练的构想构成,每一个构想都至关重要,并与解决方案和商业模式直接相关。下面是一个例子。

假设我们在考虑的客户需求是美国千禧世代对其宠物的健康关怀。一个创业点子是这个群体可能会对智能手表类的产品感兴趣,因为这可以帮助他们监测宠物每天的健康状况。这对那些健康已经出了问题的宠物(如得了糖尿病、肾病的宠物),以及那些进入暮年的宠物都有帮助。让我们来思考并优化一下这些构想:

太宽泛的:美国养宠物的千禧世代都关心宠物的健康。

(我们很容易证明这个构想,但它的信息量不足以创造一个定位精准的产品。)

太具体的:美国养宠物的千禧世代会为能够监测和报告宠物活动、心率和睡眠的装备花费 150 美元。

(哇!价格点、产品功能、产品要产生什么数据都有了?太过头了!

太着急了！）

正合适的：美国养宠物的千禧世代在积极监测宠物的健康状况。（简单、凝练、可付诸行动。"积极监测"是一种可观察的行为，但"关心"则观察不到。）

由此出发，我们就可以设计实验来证实这群人确实有此项需求。如果结论是没有，我们可以综合实验结果，决定如何调整方向——是客户群找错了？或者需求并不真实存在？抑或客户对解决这个需求并不感兴趣？好的假设总是建立在若干定义清晰的构想之上，这样，联合创始人就能适时提出建设性的问题，提高探索的效率。

测试你的假设

当我们从对假设的理论进行校准，走到实验验证阶段的时候，要分外小心。此处很容易犯的错误是，虽然我们仔细询问了潜在客户的需求，得出的却是不真实的正面结论。记住，客户口头说的和他们实际上做的，可能截然不同。

这种反差的一部分原因在于，典型的客户研究并不要求客户付出任何代价。因此在社会环境的制约下，客户会挑更"善良"的选项，告诉我们（他们认为）我们希望听到的答案。另外一部分原因在于，客户可能没有真正意识到自己面对的问题，或无法清晰表达出他们喜欢的解决方案——因为这方案还没问世呢！

通过设计实验，发现真实的客户行为，我们就可以洞察我们想要了解的客户核心需求,而不再依赖客户的自我觉察和他们的想象。

> **实验秘籍**
>
> 我们发现成熟企业对调研有一种明显的偏见,即被调研对象越多越好。创业者的想法则恰恰相反,他们更愿意采用短平快的实验,调研十几个人,得到认知后就继续行动。他们总是关心用什么方法最快最便宜,能降低风险,增强对前进方向的信心。
>
> 在 Bionic,我们总结了很多种实验方法,它们适用于不同的创业阶段和不同类型的待验证假设。以下是一些我们最常用的客户实验方法(当然,B2B 行业和制造业的实验方式会明显不同)。
>
> ### 最初阶段
>
> **客户问题/习惯调研:**
>
> 如果实验目的是搞清楚客户的问题或他们的习惯,你根本不需要借助任何模板、做任何预设。这种实验的重点就是倾听客户的声音,提出开放式问题,观察客户行为,以求发掘其未被满足的需求。我们在谈探索的那一章里就给过一个客户习惯调研的例子。
>
> **收获:**
>
> 客户习惯调研能帮你越过那些看上去很明显的问题,发现潜藏的客户需求,让你通过"穿着他们的鞋子走路"(即以客户的方式生活),发展对客户的同理心。

早期原型阶段

传单／快闪店：

　　这些实验几乎用不到任何实体原型就可以进行。只要印刷一些传单，上面印上你的想法，放在某个公众场合，看看多少人会去取阅。或者你可以搭一个快闪店（pop-up shop），用一个原型作为真实产品和方案的替身，吸引人们来就你设想的方案进行互动讨论。以上两种方法的目的，都是为了判断人们对某个看起来很真实的事物的第一反应，虽然产品还没诞生。

收获：

　　早期原型是一个工具，可以把抽象的概念变得更具体。低保真原型不一定是最终产品的精确呈现，相反，它只是一个综合的手段，来进一步提炼产品的概念，让思路更清晰，统一团队思想，（最关键的是）从客户那里得到特定的反馈。

中期原型阶段

登录页面测试：

　　在这个阶段，我们会创建一个谷歌账户，用搜索引擎营销（SEM）方式做一次广告宣传，轮流采用不同文案测试潜在客户的兴趣水平。假如我们是在考量一个足部保健领域的OA，测试广告可能会瞄准足部健康的几个不同角度："你的脚疼吗？" "你有脚臭吗？" "足部问题是否在影响你的马拉松成绩？"看看哪个广告能激发最多的兴趣，这有助于我们的项目定位。

绿野仙踪测试[①]：

在这个场景下，我们会为客户提供一个半自动化的前端人机交互界面，测试者其实在后台手动操控一切（"嘿，别注意帘子后的那个家伙"）。客户看到的是前端界面和测试结果，但不知道结果是如何达成的。这个过程让我们能够先验证产品的价值主张，然后再投资打造功能完整的解决方案。例如，你可能以为这个创业公司在用一个奇妙的算法来给你推荐适合你体形的最佳服装，但在绿野仙踪测试里，其实是某个人（可能是联合创始人之一）在用手动的方式为你选择各种服装组合，来测试你是否喜欢。如果人工操作的结果令你满意，他们才会决定投资实现相应的算法。

收获：

中期原型阶段的目的是得到更充分的证据。早期原型阶段实验产生的强烈信号还只是定性描述，到了中期原型阶段的实验，我们要捕捉的是更多量化的数据。

面市前阶段

预售：

当产品已经完全成熟并准备好面市，搞一个预售活动

---

① 绿野仙踪测试（Wizard of Oz test），是一种实验心理学的实验方法，测试人员模拟计算机应用程序，在幕后和用户互动，用户以为自己是在和机器对话而表现出真实的行为反馈。——译者注

是很棒的进一步测试用户兴趣的方法。这时客户是真的在用行动而非语言对产品投票，我们可以借此知道他们真正的购买兴趣。建一个功能齐全的网站，导入流量，在制造产品之前就开始接受产品订单。

收获：

（客户）递上钞票（或信用卡信息）是最好的行为信号！

从实验中学习

偏见是人性中不可避免的一部分。有好多种认知偏见可能会阻碍我们做出正确的决定。例如，对我们（根据过去经验）已经知道是真的事情，我们总是无条件地相信；我们习惯性地粉饰回忆；我们偏爱自己认识的事物……这些都是常见的偏见。

验证的威力，来源于我们愿意承认自己的假设带有偏见，然后设计实验来测试这些假设，最后从实验结果中学习，即使结果和我们的预测截然不同。最后我们学到的，就是所谓的"商业真相"，它指引的方向是真正的、经过验证的增长机会。

种子阶段三步验证

Bionic 的一位内部创业者曾这么说过："验证的过程很像做面包，面团发酵了，你揉搓面团，面团再起来，你再揉搓。在这个过程中，你让创业点子变得更强。"

揉面、敲打的过程使得我们的创业项目不仅仅是脑海里的幻想,而是可能在现实世界里获得成功。走过验证的不同阶段,我们不断地综合阶段性结果,迭代假设。我们庆祝建设性失败,更新原来的假设、不断重启前行的步伐。

这一过程在3个种子阶段之间不断地循环,每个阶段针对以下3个问题之一:

1. 客户是谁?他们的需求是什么?
2. 我们的方案真的能满足他们的需求吗?
3. 我们期待建立的商业模式成立吗?

这3个问题必须回答清楚,我们才能真正着手开发并扩大业务规模。我们需要记住,这3个问题之间是有内在联系的。这意味着在前进过程中,3个维度中任何一方面发生变化,都会导致另外两个也跟着变化。如果我们对客户问题的理解改变或扩展了,最好的解决方案和商业模式也会随之改变;如果我们在探索解决方案时遇到重大障碍,就必须准备好回到原点,重新校准我们对客户问题的理解,再调整对商业模式的展望。

到这里你可能已经有感觉了:验证过程不可能一帆风顺地线性前进。有时候进展顺畅,也可能遇到坎坷和弯路。记住,不管发生什么,都不代表你错了,或者落后了。这个过程让解决方案层面的学习和OA层面的学习始终在一种对话状态。很多解决方案会被毙掉或改变方向,但在否决、改变的过程中,OA变得更加清晰了。验证过程不仅让你不过早发布不成熟的解决方案,还会提醒你,你或许没有找到正确的OA[所以首席财务官(CFO)们都喜欢"验证"这个过程,这可能会帮他们省下大笔的钱]。

我们已经警告你过验证过程中的曲折，但还是打算用线性的方式来罗列出这 3 个种子阶段，以传递出对 3 个阶段的清晰理解。开始打造产品前，你需要知道该打造什么；为了知道该打造什么，你需要证据来证明客户何在，需求何在，你提出的解决方案的合理性，以及把产品推向市场的最佳方法。

种子阶段 1：寻找客户问题的根源

第一阶段的目的是深入理解目标人群和他们的问题根源。这一阶段实验的咒语是："实验结果告诉我们，客户存在什么问题？"整个团队在这一阶段都要常常拷问自己是否在检验一个正确的点子，并始终寻找可能带来更大的市场机会的火花。

实际工作中，这一过程是如何运转的呢？

几年前，我们和一家有意进军足部保健领域的公司合作。在探索过程中，我们意识到足部健康居然是很多人的大烦恼。因为一般人们通过脚和地面接触，脚上的变化会波及全身。脚和牙齿一样，是整体健康的晴雨表，如果你的脚有痛感、出现开裂或者在受罪，那都会影响你的情绪和行动能力。

足部健康问题通过不同方式影响着不同的人群。跑马拉松的人关心的可能是鸡眼或骨刺；老年人可能会因为皮肤干裂而导致脚痛；30 多岁的女士可能发现自己因为前脚掌的脂肪层自然退化而穿不了高跟鞋了。每个人的脚都会磨损或者变得不好用，但每个人的足部问题的原因都不尽相同。

所以在"种子阶段 1"，我们试图找到痛点，这问题严重到消费者愿意付钱来找到更好的解决方案。虽然我们心目中把专业和业余运动员群体当作潜在用户群，但我们的问题访谈和客户习惯研究显示：非常多的老年人认为他们的足部问题很严重，很可能愿意接受我们的新产品。所以我们决定聚焦老年群体。

我们的合作企业的专长是化工，所以和骨头或关节相关的问题对他们来说都很难解决。一个自然而然的方向是研发润肤剂或者软膏，但是，我们的目标是要找到和目前沃尔格林（Walgreen）[①]货架上陈列的产品截然不同的真正的好产品。所以我们开始试探是否能与某家初创公司合作，该公司用 3D 打印技术生产鞋垫，把防汗配方、防磨擦药物、调理膏等添加到鞋垫上。对客户及其问题的理解推动我们进入"种子阶段 2"，即产品有效性。

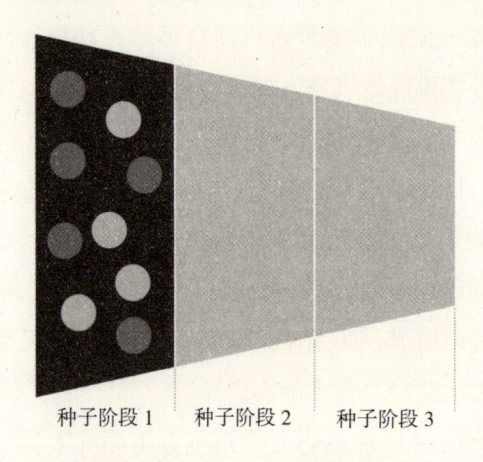

图 6-1　验证漏斗——种子阶段 1

"种子阶段 1"的实验目的是验证以下几点：

- 问题的真实性：换言之，我们是否有证据说明需求是真实的，而不仅仅是种直觉。

[①] 沃尔格林是美国大型连锁药店。——译者注

- 是否有迫切要解决此问题的目标人群：创业企业想立足，必须能持续地获取客户。要找到客户，就必须识别那些遇到问题且足够迫切想要解决此问题的人。
- 这个目标人群的 TAP 有多大：虽然我们在探索 OA 时初步研究了 TAP，但当我们把客户问题具体化、更了解客户对这些问题的感受之后，我们就更明白机会的大小、更能判断它是否值得我们继续推进。

种子阶段 2：逐步求精

这一阶段的任务是确保提供更好的解决方案，要明显好于客户目前用的方案（我们称之为"10 倍解决方案"，当然"10 倍的好"往往是非常具有挑战性的目标）。在这个阶段，我们通常也会获取第一批客户，他们是潜在滩头市场（beachhead market）的代表。我们要先赢得这些客户，再把产品推向更大的市场。现在，我们不再花精力去探寻痛点的根源（这在"种子阶段 1"已经得到解决），而是聚焦设计实验，去发现不同解决方案的优劣。

本阶段的实验要求使用比上一个阶段保真度更高的原型，通常是一个 Alpha 版本（当我们实现从图形到编码，或从草图到 3D 原型的跨越时，我们称之为 Alpha 版本，可用，但是只实现必要的功能。在 B2B 或者工业领域，Alpha 版本可能是一个意向书，或者意向的其他书面表达）。

以下是几年前我们和一个银行合作伙伴的"种子阶段 2"的案例。

我们的合作伙伴想找到支持自由职业者的方法。大部分自由职业者在传统银行得不到好的服务和产品。大银行通常不会给拿不出 W-2 表格（美国常规雇员的工资单）的人士提供信用卡和贷款，它们对打好几份零工、收入不稳定的人提供的产品都不够友好。我们都知道零工经济在兴起，但是银行业的服务很滞后，并没有跟上变化。

一个 OA 团队提出的假设是"自由职业者需要且缺少适合他们的银行产品、支持和相应的工具"。他们的点子经过了"种子阶段 1"的考验，大家确定这是个真正的问题。到了"种子阶段 2"，我们聚焦到一个更具体的场景：波动的收入及现金流或偿付能力的实时缺口，经常让自由职业者抓狂。我们提出的解决方案是给"1099 群体"（美国的自由职业者会从雇主那里拿到编号为 1099 的收入证明）提供基于他们预估的低收入时期的个性化短期金融产品。

除了让他们在收入困难时能够心安，我们还试图提供更方便的支持。我们优化了申请流程，做了预审环节，让这些金融产品更容易申请到。

那么实测的情况如何呢？"种子阶段 2"的实验方式有很多种，在本例中，我们和 12 个客户合作，让他们使用一系列低仿真原型。我们做了一个 App 的草图，用一叠纸画出 App 的各种功能（我们说过，这是低仿真版本），然后带他们体验不同的场景和 App 的不同使用路径："如果你点击这个菜单，你会看到这些选项。你想选哪一个？"在他们做出选择后，我们就记录下来，并追问"为什么"。

在动手写代码、开发真正的 App 和网站之前，我们想弄明白自由职业者真正想要的和愿意使用的是什么。如果我们模拟的 5 个特性中，被调研的 12 个客户中没有人选择第 3 个，那我们就知道应该果断放弃它。

我们还请客户提供定性的反馈:"这个功能是否能达到你的期望值?你说过希望 App 能帮助你预测收入缺口,我们做了一个。这个产品哪点做得好,哪点不够好?"

一旦我们得到了客户对纸面版 App 的反馈,我们就做了一个可点击、但功能并不完全的版本。大约有一半的按钮还无法工作,用的也是静态数据,但这个版本的体验更接近真实的 App。接着,我们又做了一个真正的手机应用,虽然功能还是不全,但它能使用并处理受测人员的真实信息。借助这些互动原型,我们的目标是持续问我们的滩头市场客户:"这个产品能否达到你的期望?它是否能如你所愿地解决你想解决的问题?"

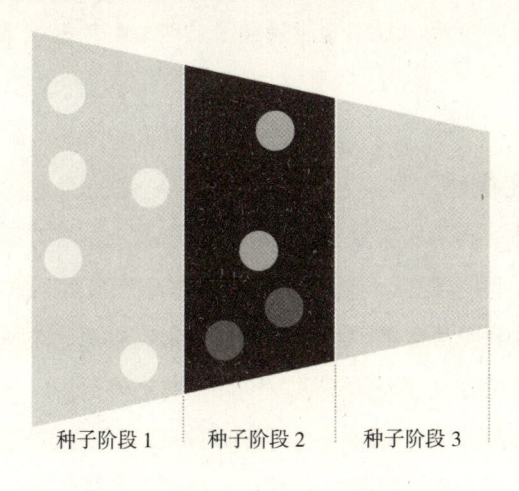

图 6-2 验证漏斗——种子阶段 2

"种子阶段 2"的实验目的是验证以下几点:

- 种子客户是否喜欢我们提供的方案:换言之,我们提供的方案能否让他们眼前一亮?

- 哪个关键特性让客户最激动：一旦弄清楚客户最喜欢方案的哪一点，我们就可以集中精力于此，提供比现有产品高得多的价值。
- 如何衡量方案的有效性：我们需要清楚哪些是最重要的监控指标，并找到便利的途径来获取这些数据。

用3个透镜彻底考察解决方案

当我开始写《创业脚本》一书时，我爱问资深创业者两个最棘手的问题："如何挑选创业点子？""创业的前5年如何让公司存活不倒？"我发现创业者的经验可以最终浓缩成5个透镜，他们以此搞清楚客户的问题并打造相应的解决方案。以下3个透镜是你要在"种子阶段2"牢记于心的：

1. 独家优势

每家成功的企业都有自己的竞争优势，有时是技术，有时是行业经验，有时是某项特殊资产或者内在运营专长。这种优势是其他机构不可复制的，它能让公司在竞争中更有效、更创新地解决一类特定的客户问题。一旦找到公司的独家优势并善加利用，你就可以改变世界。当你勇敢地拥抱这种优势时，也就踏上了走向兴旺的捷径。

案例：亚马逊

1994年，刚上线的亚马逊只不过是一家网上书店，但其创始人贝索斯对公司的长期愿景规划要宏大得多。在接下来的10年里,他领导亚马逊建立并优化了图书的供应链和配送模式,接着把这些优势扩展到了CD、软件、游戏、电器、服装、家具、食品、玩具、珠宝等。随着亚马逊进军越来越多的品类,它系统性地摧毁了电子商务的主要痛点——高效派送客户订单。贝索斯的远见在于他预见到:如果一家公司能建设一套真正高效、强大的履约体系,并将其打造为自己的核心能力,就可以改变行业。亚马逊没有追求短期利润,而是倾力加强自己的独家优势,投资建设了无可匹敌的履约体系、配送中心和其他配送基础设施。亚马逊为行业设定了新标准:免费的两天到货配送服务(作为Prime付费会员权益),然后进一步压缩时间,推出了当天到货服务,甚至是一小时配送服务(对特定地区)。这项独家优势为亚马逊的电商业务创造了护城河,同时创造了推出其他新业务(例如亚马逊生鲜)时的竞争优势。亚马逊生鲜突袭传统的实体杂货业务,还并购了天然食品超市全食公司(Whole Foods)。

2. 当止痛片,不当维生素

成功方案解决的都是痛苦的、持续的大问题——客户每天都在为它挣扎。我们的方案不能像维生素那样锦上添花,偶尔被用到,日常则被束之高阁。好产品应该像止痛片,家里必须常备,容易找到,因为它能做到药到"痛"除、快速、持久而有效地解决你的痛苦。

如果我们的产品能像止痛片一样为客户解决烦恼，我们就能围绕其建设整个公司。如果你能让自己的作用完全不可替代，即使用户想要离开你，他们也做不到。即使他们看到了其他新产品，也不会抛弃你。

但一个硬币有两面。如果客户的问题不是需要缓解的慢性痛苦，我们就很难为其打造出强有力的、可以取得成功的解决方案。

案例：Fitbit 手环和耐克的新鞋服务

2015年，健身用品企业Fitbit的收入比上年增加了235%，出售了450万件可穿戴设备。该公司迅速宣布了这一优异的销售业绩，但是没有披露其实手环日活跃用户数字在下降（成功假象的实例！乐于宣传漂亮的指标，而不关注最有指导意义的指标）。尽管很多人愿意购买可穿戴设备、记录自己的健康数据，但是1/3左右的人在6个月之内就不再使用该设备了。

此外，没有研究能证实Fitbit在减肥和健康管理方面能起到关键作用。即使该公司在可穿戴设备销量方面遥遥领先，但这些设备的有效性其实更类似于维生素，而不是止痛片。有个手环当然不错，但是如果某一天你忘记戴了，也没什么大不了的。

相反，耐克公司发现了一个反复出现的、深度困扰客户的痛点，并据此开发了新业务模式。如果你已为人父母，你可能会注意到：给小孩买了一双新鞋子，大约4天以后（当然这是个夸张的说法），孩子的脚就会长大，鞋子又不合适了。全世界的家长都在常年想办法给成长中的孩子买合适的鞋子（对很多父母来说，这是典型的吃力不讨好的苦差事），买鞋的过程简直就是把钱往火堆里扔。耐克推出了 Easy Kicks 服务，让家长能用每月20美元的价格，随时给孩子拿到合脚的新鞋。通过物流创新，该项目使得耐克与客户建立了全新的联系，不仅给耐克带来了持续的收入流，还把一种痛苦的经历变成了父母和孩子的巅峰体验。人们不会停止生儿育女，孩子的小脚也不会停止生长，鞋子总要更换，家长咬牙切齿买鞋的循环也不会停止。所有这一切，让 Easy Kicks 这个解决方案成为新颖有效的止痛片。

3. 10倍效果

当一家公司有资源、人才和愿望进入新市场的时候，缩窄创业想法的范围是很让人头疼的事情。我们需要毫不留情地评估这些想法，果断取舍。只带来些许进步的点子是在浪费我们的时间，我们要找的是革命性的、有巨大潜力的点子，和以前的产品比起来，要有显著的影响力。这些点子要带来足够的差异化竞争力，而不是追赶式的竞争，也不能受限于常规的成功标准。这个过程要激发培育全新的、能解决重大痛点的想法，从而带来上千万美元、将来甚至是数十亿美元的收入。

案例：Spanx 内衣

当萨拉·布莱克利在 2000 年推出内衣品牌 Spanx 时，传统的美体塑身衣已经绝迹了，无痕塑形内衣还不流行，但是她知道市场上有这个缺口。因为市场上没有足够好的产品来解决塑身问题，女士们开始自己动手，剪掉连裤袜的腿部下半部分，只保留上半截的塑身效果。这种新的客户行为显示出，好的新产品肯定能卖得不错。萨拉设计了一款莱卡内衣，它可以掩盖身上的赘肉，还能去掉所有年龄和身材的女性都害怕的内裤痕。即使 Spanx 最初的几代产品，也比去掉裤腿的连裤袜效果好很多，因为它们塑身效果明显，能解决更多美体问题，而且可以多次洗涤使用。一旦女士们听说了这款新的内衣，Spanx 就开始在各大百货公司大卖特卖。尽管之后出现了很多"山寨"产品，但没有一个能胜过 Spanx。萨拉创新了塑形内衣市场，她提供的产品比原有产品强 10 倍，她成功地把一个点子变成了内衣帝国。

种子阶段 3：打磨商业模式

我们已经确定了客户问题的真实性，也大致研究了解决方案，现在要做的是：必须要有可持续的、可规模化的商业模式。到了"种子阶段 3"，我们将计算产品的经济账，不管其收入是来自客户、广告，还是其他变现方式。我们要关注所有相关的指标，搞清楚哪些指标对这个商业模式最重要,也要提前考虑哪些可能是公司进入实际经营阶段后最有挑战的障碍。

让我们来看一个墨西哥城的案例。

我们和某家金融服务企业合作,帮助他们为墨西哥城的顾客设计一款友好的、现代化的网上银行产品。墨西哥城是一座超前的、当之无愧的大都市,但该城市的银行业却仿佛还停留在黑暗年代。部分原因在于很多墨西哥人压根就不信任银行,当地的现金使用率很高,犯罪率也很高。当地人担心在网上查询账户和转账,达不到银行级业务的安全要求。他们宁可去实体银行排长队(通常要排一小时或者更长时间),仅仅为了办存款或者其他常规银行业务。我们的合作伙伴想提供一种让墨西哥城的人也能充分信任的数字化银行服务,在网上管理投资,跟踪每日开销,查看存款数字。公司的基本假设是:更好的网上银行解决方案可以帮助客户监测自己的开支,提高其储蓄意识。

经过种子阶段前两步的测试,我们发现小企业主们格外需要这样的服务,因为他们经常混淆个人账户和企业账户。小企业主们看出了这款产品的真实价值——能帮助他们准确记录个人开支和生意开支。我们做了一款模拟银行手机应用,它在"种子阶段2"的测试中表现良好,所以团队把它带入"种子阶段3",主要测试的是网上银行用户是否能让存款保持在更高水平,这是我们合作伙伴的挣钱源头。这个假设关系到创业项目的商业模式能否成功,所以需要认真测试。

我们在墨西哥城找了100人做实验,让他们把一个还很粗糙的网上银行App装到手机上,要求他们使用3个月,而我们监测其使用行为。我们还每天给实验对象布置一项作业,类似于"今天把钱从 A 账户转到 B 账户""在线付一次账单"。我们仔细研究他们的活动,观察他们在更了解自己的银行账户后,其消费习惯是否有正面改变。

令我们高兴的是,果然有影响!小企业主喜欢用这个 App 更加仔细地监测自己的现金流,结果是他们的支票账户和储蓄账户的余额都提高了。团队的下一步是推动他们用余额进行投资。

通常情况下,在墨西哥城,要获得一个理财账户,客户需要去一个银行网点,填写一系列表格,与银行经理面谈,才有资格投资几百美元。每个理财客户的每笔投资都要经过这些麻烦的程序。我们只能说——太落伍了!团队成员开始想办法剔除银行经理这个障碍,让客户直接用手机 App 来完成投资。

我们把改进版的 App 交给了原来参与实验的 100 人,鼓励他们使用,继续研究他们的行为。由于手机应用降低了投资的门槛,效果很显著——用这款产品的人比只能去银行网点申请投资的人的投资可能性提高了 80%。这数据非常有力,无可置疑。

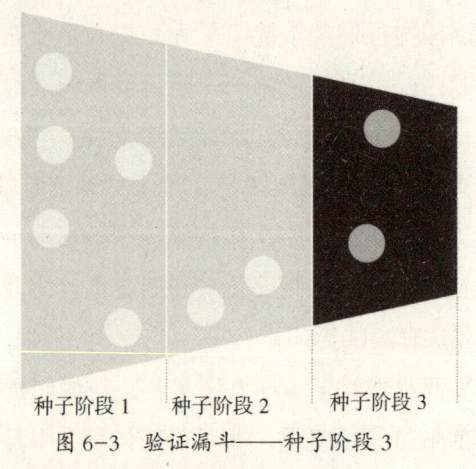

图 6-3 验证漏斗——种子阶段 3

种子阶段 3 的实验目的是验证以下几点:

- 我们是否具备可规模化的商业模式：这包括客户获取、让客户开心（在 B2C 模式里，需要 100 ~ 500 个客户；在 B2B 模式里，需要 1 ~ 3 个客户）。
- 哪些指标对商业模式最重要：对任何业务来说，至少有几十个可以追踪的指标，本阶段的重点就是找到 3 ~ 5 个核心指标并改善它们。例如，电商业务的核心指标是每件商品的可变生产成本、获客成本、库存周转率、现金周转率和生产周期。
- 哪个运营环节会最难对付：从种子阶段毕业、进入规模化经营之前，我们需要预测什么障碍将成为将来公司运营的最大挑战。是退货、物流方面的运营障碍？还是法律方面的复杂性（因为各州法律的差异）？或者是政策监管挑战（因为要在原有企业内部设立新业务）——这可能意味着，把新业务分拆成独立的公司运营会更容易。

持续挑战和拷问

记住，验证不是一锤子买卖，也不是线性的过程。它是一个周而复始的过程，对创业点子进行快速而经济的测试，揭示其优势和不足。它为创始团队提供了工具，来测试他们关于客户问题、解决方案和商业模式的那些最关键的假设。它驱使我们严格地审视可能存在的偏见，暴露出创业项目的商业真相。

本章里，我们一步步地罗列了验证的过程，但实际操作往往并不这么步骤清晰。在整个验证过程中，团队的关注重点在问题、方案、商业模式和客户之间不断切换，不断重估这几个方面的重要假设。

既然过程不是线性的,为何我们要费劲把它分出不同阶段?尤其是,在真实世界里,人们并不会按步骤来做。

假设一个18岁的高中毕业生想成为医生。在能给病人开处方或进医院当住院医生前,她必须要学会基本功——细胞学、生物化学、生理学知识。为了能治好病人,她需要里里外外仔细了解人体是怎么运作的。18岁时,她有冲劲也有天赋,但她没有足够的知识,只是个刚入门的学徒。只有等她完成了本科和4年医学院的学习,再加上3年的住院医生经历后,她才能合法和自信地行医,才能用那个小橡皮锤来敲击病人的膝盖。

同样道理,在刚开始验证时,所有的伙伴们还都是学徒,而学徒需要结构框架、可靠的流程和不断重复。他们需要眼看着手中的面团膨胀起来,再把面团揉下去,再看着面团起来,再揉下去。这些过程全都是为了让创业点子更加强大。

当创业点子经过了全部种子阶段的考验,就可以面对世界,作为初创公司出去进行A轮融资了。我们没法保证这个创业公司能发展到10亿美元的规模,但是经过种子阶段的流程,通过这些经济、快速的建设性失败来学习,你已经排除或纠正了初期愿景中可能存在的最大错误,成功的概率会因此而大幅上升。

我们已经介绍了增长操作系统针对创业者的一面,也就是团队如何决定做什么、怎么做。现在我们把重点转移到风险投资这一侧。创业者不可能独自成功,他们需要投资,需要强有力的支持者来帮他们清除路障并提供建议。我们把这些人叫作增长委员会(Growth Board)。

非营利组织验证案例：儿童癌症协会

儿童癌症协会（Children's Cancer Association，简称CCA）是一家非营利组织，宗旨是为患有癌症和其他重症的孩子及其家属创造变革性的快乐体验。他们所有的项目都是免费的，涉及音乐、友情关怀、亲近自然、社区支持等方面。所有这些对健康孩子及其家庭的重要活动，对这些确诊了重症的孩子来说，显得格外重要。

CCA创始人瑞吉娜·艾利斯（Regina Ellis）在20多年前创办该组织，她的女儿亚历桑德拉在年仅5岁半时死于癌症。于是艾利斯下决心创办一个新型公益组织，想让快乐元素成为全国小儿科医疗环境的最佳实践。Bionic和CCA的合作源于我们的一个前合伙人曾在CCA刚创立时任董事会主席。她相信充满创新信念的CCA可以借助合作，让其方法论更正规，流程更深化。

艾利斯说："我们是一个使命驱动的组织，我们骨子里有很强的创业精神，我们运营CCA更像经营一个创业公司，而非一个传统型非营利机构。目前我们的组织正值快速增长的阶段，与Bionic的合作将使我们有机会极大地提升运营能力，植入创新思维方式。"

跨职能的CCA内部团队决定集中研究青少年病人群体。他们的合作医院经常谈到青少年患者的痛苦挣扎，这很好理解，因为这些青少年对身患重症有着非常独特和艰难的感受。他们已经理解死亡是怎么回事，而且懂得小孩子们搞不明白的癌症确诊的严重性。他们本来就要应对青春期孩子都要面对的情绪、生理（激素）、行为方面的健康问题，还要加上危及生命的癌症。对他们来说，支持和社区关怀变得更加重要。这些十几岁的孩子们有时甚至会觉得自己"太酷"或"太大"，已经不适合CCA的主要项目（音乐、一对一辅导、自然野营和家庭资助等）。为了改变这个现状，CCA决定用验证的方法来为青少年量体裁衣，定制一个新项目。

最初的两个假设如下：

1. 重症青少年有按自己的方式和同龄患者沟通的需求。
2. 重症青少年有明确目的，想提升技能，想学习。

提出的几个解决方案：

● 在医院提供一对一音乐课（因为青少年想提升技能）。

● 组织小组音乐课（有可能培养同龄患者之间的联系）。

● 开设摄影课、化妆讲座、手工作坊或其他技能指导（面向对音乐不感兴趣的人）。

● 组织一次"脱离病房"的"院外"体验旅行（如果他只想独处、在医院休息和恢复）。

种子阶段 1 测试

CCA 团队在医院里张贴传单,发放活动报名表,其中有音乐课、摄影课、手工编织课和化妆课。团队成员还挨个病房拜访,问孩子们想不想报名,或者他们愿不愿意拿份传单思考一下。最后,团队还建了一个网站,让孩子们可以上网报名。

反应如何?死一般的沉默。CCA 团队成员意识到,自己的核心假设之一是这些青少年想按自己的方式和人联结,但第一轮的实验没测试到这个假设。

CCA 决定换个方式,直接征求意见。团队成员邀请这些十几岁的患者参与一个设计思维工作坊,即一个论坛,让他们可以说出自己想要和需要的项目。主办方希望参加者也许能提供一些有价值的建议,帮助形成下一轮的候选方案。

种子阶段 2 测试

在 2017 年 11 月的首次会议后,CCA 认识到这种论坛本身可能就是青少年们最渴望的解决方案——一种和同龄病人社交的方式。共创活动让这些年轻人能回馈他人并体会到人生的意义。这些讨论小组也帮助 CCA 了解到了这些经历了长期住院、严重病情和死亡威胁考验的孩子们的需求。

由此,CCA 的青少年联盟成立了。2018 年 3 月,CCA

组织了第二次青少年会议，丰富的议程中包括破冰、头脑风暴、个人故事分享、潜在项目建议等。参加者对CCA团队提出的点子给出评价，也提出了他们自己的一些点子。

种子阶段3 测试及其后

直到团队对客户问题和解决方案有了真正的感觉之后，CCA才开始考虑商业模式。在这个场景中，所谓的商业模式就是从第三方争取捐赠。

"比起一有想法就冲出去募捐，然后在一个我们没有认真研究和验证过的项目上花一大笔钱，这种验证过程真正帮助我们，要求我们变得更加有的放矢。"CCA的前任品牌副总裁艾比·顾耶（Abby Guyer）这么说。

CCA领导层相信，增长操作系统帮助他们把创新从董事会层面嵌入到整个组织中。在会议中，甚至在日常工作中，质疑假设和以实验为中心的思维方式开始涌现。各个层级的员工都能自问：如何才能清晰表达我的假设？如何在行动前尤其是花钱之前，验证这些假设？作为一家非营利机构，CCA相信自己的责任是用好相信他们的捐赠者所捐赠的善款。验证过程帮助他们确信，自己花出去的钱经得起考验。

"假如我们做的每个实验都大获成功，我认为我们反而会失去宝贵的学习提高机会。"顾耶对我们说，"现在我们学会了不去想自己的需要，不要因为自己的点子行不通而沮丧,而是真正为客户和利害关系人思考解决方案。我们不断地追问自己:'这是维生素还是止痛片?'"

她说得太棒了,我们找不到比这更好的表达了。

NEW TO BIG

第 7 章
像风投一样投资

How Companies Can Create Like Entrepreneurs, Invest Like VCs,
and Install a Permanent Operating System for Growth

多数人对颠覆式创新有种错误假设，认为这是创业公司独有的机会，而大型传统组织只能笨拙地改进已有的产品。可是很多成熟公司内部并不缺才华横溢、富有创业精神的员工，也能想出引领世界的点子，只不过他们的问题在于无法找到可行的途径，让他们的产品走向市场。

他们通常需要在年度预算里挤出经费，否则就要等到下一个财务规划年度。然后，他们不得不靠着投资回报率与其他项目争夺资金，而在这个阶段，他们的新点子的投资回报率还根本无从知晓。随后他们还要说服其他业务组的同事，争取市场营销团队的支持，让合规部门开绿灯，还要哄好法务部门。如果这些部门中有一个表示反对、有所怀疑，或者拒绝支持这个点子，那它就会悄然死去，根本没有机会让领导知晓。如果新点子和目前挣钱的产品构成了竞争关系（哪怕新产品要强得多），新点子基本上没有活命的机会。管理层可没有打乱现有核心业务的动力。

当然，你会想到偶尔也会有人能够速战速决，把内部创业项目做大。这类人通常在公司根基深厚，了解上上下下，因此在这种背景的掩护下做成了大事。但即使对他们来说，这种成功也不过是难以复制的偶然和侥幸。其他有好点子的人，通常没有这样的技巧和"内部资本"来克服所有的障碍。对颠覆性创新点头的力量，必须来自公司上层，其他所有人都在努力降低自己的风险，因为他们的职责本就如此。

不，核心问题不是缺少创新想法，也不是 CEO 或管理层对这些创新想法的态度不够开放，真正的问题在于缺少让领导们直接听到创新想法的场合，团队也没有获得追求这些想法的许可。

这正是增长委员会存在的理由。

像高管一样运营，像风投一样创造

回到第 1 章，我们在谈到增长操作系统时，曾经说过这是个双引擎的管理机制，驱动这个机制的是内部创业者和内部风投。到目前为止，我们都在讨论内部创业者（探索团队成员和 OA 的联合创始人）如何识别和验证潜在的大机会。现在我们要开始讨论一个我们称为"增长委员会"的投资和决策小组，以及该小组是如何批准、投资和支持这些内部创业项目的。

> 增长委员会是典型的与客户共同创造的产物。这要溯源到我和通用电气的合作。那时埃里克·莱斯和我在一起做主旨演讲，他讲精益创业框架，我讲增长领导力思维，培训对象是通用电气 CEO 洛伦佐·西蒙内里（Lorenzo Simonelli）领导

的油气事业群。我讲完后刚到房间后面坐下，西蒙内里就找到我，问了我一个迫切的问题："大卫，我在 500 多个不同的项目上花了 7 亿美元，我也知道其中一部分项目不可行，我一直在想，怎样才能少花一半的钱？我该如何识别出那些能告诉我商业真相的团队呢？"

我立刻想到，风投公司投资创业项目的种子/发布（A-B 轮）/增长（C 轮及之后轮）的框架，也可以应用于成熟企业的增长项目投资。这个框架要求创业团队在每一阶段都拿出证据，证明该阶段他们所要求的投资金额的合理性。

对投资决策者来说，该模式可以让他们在风险高的时候投入比较小的金额，在业务有所进展的时候再加大投资。本质上说，该方法降低了项目的投资风险，能避免投资人在项目起始阶段就大笔投资，也能避免项目团队认为整个投资已经通过了预算审批，从此高枕无忧。相反，该方法为项目团队植入了创业公司每天都要面对的战斗感和紧迫感。这能扼杀僵尸项目（这些项目早该停止运行了，但是一直在苟延残喘），把资源和"氧气"让给那些商业上确实有希望的新项目。

我把这个模型描画在一张草稿纸上，西蒙内里把这张草图从桌布上扯下来，冲到管理团队前面，说："让我们来照这个干！"

西蒙内里后来告诉我们："以往的一个根本性挑战是，资金分配每年根据过去的业务状况确定预算。有不少项目已经进行了好几年，并没有可见的产出，但每年都能拿到几百万的资金。现在我们把新产品的预算起点降为零，从头开始一步步追加,并始终保留原来资金的 1/4,有了阶段性成果后,再让增长委员会追加投资。"

他继续说:"这个程序让我们在项目不合理时可以及时止损。我们在资金分配的控制方面也更加严格了。一开始,这个转变很困难,因为你要从原有的授权模式中抽身出来。我们意识到尽管很多项目很有趣,但是并没有建立在很扎实的商业假设上。"

时任油气部门首席技术官(CTO)的埃里克·格布哈特(Eric Gebhardt)很快成为我们试点增长委员会机制的伙伴。"在团队逐步接受这个新机制的过程中,原本最反对的人却成了最热心的推动者,因为他们现在意识到,他们可以承担更多风险,可以勇敢地动手测试一些大胆的假设。我想说,我们一直在产品开发方面做得很好,但此举给了我们新的空间,让我们可以更出色。"

在通用电气油气事业群启动增长委员会机制 3 年之后,西蒙内里要求团队分析一下新产品引进的速度和成本的变化。可比数据显示,新产品推出所需天数比 3 年前减少了 70%,成本下降了 80%。不够好的点子迅速被淘汰,也没造成太大损失,好的点子则得以顺利成长。

我和 Bionic 早期的合作伙伴意识到,创业企业的策略本身永远不会在大企业内部促成改变,它必须和风投式的投资机制结合起来,才能构成可持续的增长生态系统。这一发现对我们来说是重要的惊喜,也使 Bionic 这个年轻的公司能够构建完整的增长操作系统。

增长委员会主要由企业高层领导组成，成员通常包括 CEO、CFO、CMO（首席营销官）和其他重要的高管。增长委员会给了内部创业团队发声和获得资助的机会，也努力去理解该创业想法如何与企业的战略目标相吻合。增长委员会成员的作用相当于内部的风投家，决定如何给早期的创业想法分配资金，整合来自不同创业项目的发现，为创业项目团队授权和设定边界，并在需要的时候帮助团队清除路障。增长委员会的工作重心是设定增长目标，管理进行中的创新项目，也做出投资和资源分配的决策，确保能达成增长目标。

看到此处，也许你会忍不住说，你的机构已经有了投资委员会。我们完全理解这两个委员会听起来似乎是一样的，但是你会看到，增长委员会和投资委员会是截然不同的。

为何要押注那么多项目

成熟企业在考虑新的商业投资时，通常用企业视角思考问题，比如"我们需要投入 5000 万美元，项目才能启动起来"。这些投资的评估方法都是基于对已知市场的调研和风险分析做出来的。这些方法即使在理论上头头是道，实际运行起来却可能会碰壁。这就意味着加入增长委员会的 C 字头领导层一想到要投资好多个创新项目，通常本能地感到抗拒。他们会担心花数十亿美元却投资了多个可能惨败的项目（更可怕的是，有的项目不立马失败，而是成为僵尸项目，不停汲取现金和资源，却没有产出）。

所以，我们必须先让他们了解上一章讨论过的验证方法论，然后让他们明白，验证过程只需要很少的资金（少得惊人），以及多元投资的好处。

多数高管在听到投资组合（portfolio）这个字眼时，立马就想到股票。这可以理解，因为分散化投资组合最早被提出，就是为了管理股票市场的投资风险。但是在风险投资领域，组合理论有不一样的含义。风险投资的回报实在是飘忽不定，根本不符合正态分布。相反，风投的回报符合高度集中的幂律分布。根据风投基金 Correlation Ventures 的统计，一个典型的风投基金里，65%的项目亏钱，25%的项目回报平平，只有10%的项目能挣大钱。事实上，不少顶级风投机构的投资方、著名母基金 Horsley Bridge 的研究显示，排名前6%的风投项目赢取了全部利润的60%。

让我们先好好理解一下以上数字，然后再想想，如果你只投资10个创业项目，那要碰巧遇到某个项目属于那微小的6%的范围，该是多么不可思议的事情（更不用说那种孤注一掷，投资上千万美元豪赌一个项目的干法）。

正是因为我们对新商业空间了解不多，才要尝试多个项目，对冲风险。但是我们要尽可能低成本地尝试。风投领域的分散投资，目标是多渠道获得认知，通过认知迭代增加项目组合的命中率，而不是让单一投资项目的业绩最大化。还记得第4章提到的搭建登月的梯子吗？投资多个项目可以让你的认知迭代异步、非对称地进行，从而增加大获成功的概率。在成熟企业里，每个投资项目都有赚钱的压力；但是在风投领域，我们的假设是绝大多数投资项目和初创公司会失败，所以才要广撒网。

如果这让你感到别扭，我们完全能理解。接纳这种不确定性和不稳定性，对很多高管来说是很难的，因为他们多年的职业生涯都建立在不断优化现有运营项目并降低风险的能力上。

但这是我们要改变思路的理由：把传统的投资组合理论应用在企业增长上，对成熟企业来说可能是死亡之吻。在1980年，罗伯特·海斯（Robert Hayes）和威廉·阿伯内西（William Abernathy）为《哈佛商业评论》写过一篇经典文章，题目是《管理教条：经济下滑之罪魁》，他们的核心观点如下：

> 投资组合原本是为了让股票的回报和风险达到整体平衡，最近这些原则却被不断地应用在建立和管理公司的业务组合上，也就是通过不同的分散组合方式把一大堆的子公司和产品线组合在同一公司旗下。如果负责这一组合的人是一群远离市场、缺乏一线经验、冷漠、只关心财务和控制权的专家，投资组合理论的分析公式必然推动着他们在分配资源上变得越来越小心翼翼。

我们想说的道理是什么？用冷冰冰的投资回报率的计算方法管理新机会，将永远不可能推动颠覆性的增长。这种方法是找到现金牛的正确工具，也可以用来评估对现有核心产品的持续创新。但是，如果要创造新市场，借力新要素，为公司的未来拓宽突破口，高管们必须超越常规的财务比例来思考问题。

因为在未知世界里，成功需要三大要素：

1. 尝试多个项目（让你有机会低成本地命中）；
2. 找到对的解决方案；
3. 选择对的时机。

那么，增长委员会究竟要做什么？它是如何帮助创立和管理这些多元创新项目的？我们先来定义增长委员会的 3 个责任。

增长委员会的 3 个责任

增长委员会的成员扮演着投资人、校验者和外交官 3 种角色。他们要为前线团队给出目标、提供资源、清除路障，让创新项目不断前进。

责任一：设定增长目标

增长委员会的首要责任是对公司的增长目标给出清晰的定义。这些目标通常由以下几部分构成：

收入：我们在追求多大的收入目标？想在什么时间期限内完成目标？（例如，5 年内 10 亿美元新收入？3 年内 3 个 5000 万美元级别的新业务？）几乎所有伙伴都会在和我们合作的增长项目开始时设立目标。但项目结束前，当他们真正了解了我们的增长方法论，以及"从新到大"策略能帮他们做到什么后，他们会重新设立目标。这是完全正常的。在开始阶段有个清晰的目标很重要，但同样重要的是，你要知道在启动后很可能需要改动目标。

市场：我们要利用增长操作系统来达成核心业务、关联业务，还是转型的业务机会？这些机会是否支持企业的战略目标？我们是否试图进入一个全新的特定市场？哪些市场要素对公司的影响最大？

内生增长 / 非内生增长：我们要聚焦于内生项目（企业内部产生的项目）、非内生项目（投资外部初创企业或者并购中后期项目），还是两者都要？如果两者都要，我们的资源和精力应该如何分配（这一战略和你的增长目标的大小及时间期限密切相关）？

时间视野：有的创新技术和新要素是近期的，有的则是远期的，我们希望团队看多远？（你有多少耐心？）有哪些领域、商业模式或者客户群，是公司不想触碰的？

责任二：管理投资组合的健康

为了有效管理投资组合，增长委员会需要有办法来评估其健康状况。但是记住，传统的"从大到更大"的指标，如内部收益率，并不适用于评估创新项目！股票市场的投资组合指标，如夏普比率和 Alpha 指标，在此处也不适用。相反，我们定义了 4 个元素，放在一起可以提供一个投资组合的健康概貌，即聚焦度、规模、质量和速度。

聚焦度：指的是投资组合和增长目标（核心业务、关联业务及颠覆性业务）的耦合程度。是否投资组合里所有项目都指向增长委员会之前界定的增长目标？

规模：指的是该投资组合是否有足够把握达成规模目标。我们的 OA 个数、每个 OA 的点子数量，是否足以让我们克服创业固有的高失败率，达到成功？

质量：评估的是团队的质量、OA 的质量、项目借助的那些公司独家优势是否足够强大，等等。这个指标帮助我们决定是否需要调整人员配备和投资方向。

速度：衡量的是所选的创业项目是否能快速通过投资漏斗的不同阶段（种子、AB 轮、C+ 轮），以及是否有足够的新项目及时补充进这个漏斗。

时任通用电气油气部门 CTO 的埃里克·格布哈特说："我们为每一个业务单元都确定一个增长方向。"部门在追踪投资组合里的项目时会不断追问："项目到了哪个阶段？是种子阶段还是到了出产品的阶段？是否到了扩大规模的阶段？我们在哪个地方需要补充新的种子项目？项目是否还符合我们确定的增长方向？我们的投资组合平衡吗？"

责任三：培育增长能力

增长委员会必须坚持增长操作系统的思维方式（详见第 4 章），并鼓励团队成员说出商业真相。他们必须掌握并清除组织内部的路障，也必须识别并激励"对"的人才，以推动"从新到大"的增长。最终，他们要通过正确评价已经完成的工作并采取行动来支持创新项目团队，从而培育出企业的增长能力。以下是一个实操案例。

2013 年，在 Bionic 和泰科集团刚开始合作时，泰科的 CEO 乔治·奥利弗是持怀疑态度的。我们是被泰科的首席创新官引入公司的，他正为公司的创新项目后备不足而苦恼，认为 Bionic 可以促进新项目的涌现。第一次增长委员会会议上，CEO 奥利弗抱着手臂、很勉强地坐在那里开完了会。但是到了第二次会议，他开始看到希望；到第三次会议时，他已经真正相信我们了。

在第三次会议上，轮到一位 OA 联合创始人做演示。她怕得要命。因为她的 OA 起初看起来潜力巨大，但是当她的团队深入研究后，发现其实该 OA 是毫无价值的。那天，她要向增长委员会汇报该 OA 没有通过验证，公司应该停止对该项目的投资。我们指导她、鼓励她，提醒她传递项目的商业真相就是传递福音，但是她的情绪还是一团糟。这很好理解，因为她即将进入一间豪华的会议室，向一屋子 C 级别高管汇报自己团队选的项目失败了。

那天，她坦诚、低调地完成了演示。奥利弗当场决定提拔她，因为他知道需要多么大的勇气才能做到如此坦诚。此举传递了最强烈的信号，即奥利弗支持增长操作系统这套理念，不管项目本身的成败得失。通过奖励这种坦诚（尤其是一个起初势头大好的项目的失败），奥利弗告诉泰科集团所有人，尝试并且失败是可以被接受的。他的行动告诉全公司，他授权大家勇敢尝试，即使遇到死胡同也没有关系。因为探索阶段的碰壁不会导致巨大的投资损失，这相当于给公司节约了很多钱，让公司可以聚焦于更有潜力的项目。

我们已经明确了增长委员会的三大责任。现在，让我们介绍两个关键成员：CEO 和外部投资合伙人。

CEO 必须是增长委员会的第一负责人

因为"从新到大"增长需要领导层和团队突破长期的固有习惯，

所以这个变化唯有在高管特别是 CEO 本人的直接领导下，才可能成功。这一点绝对不能含糊。

在任何机构里推行"从新到大"思维方式和投资标准，都会挑战重重。因为这需要一种坚定的信念，认定公司的未来只能系于此路。也只有公司的 CEO 和高管才能给员工足够的权利去勇于冒险。如果 CEO 不能亲自推动，情况将会如何？其他人肯定推动不成。毫无例外。

我们是通过深刻的教训才明白这一点的。我们曾经合作过的一些 CEO 认为，可以授权其他人来负责增长。每一次，这种态度都对公司传递出这样的清晰信号："这是我要求你们都要做的一件事，但是我很忙，我有更重要的事。"

你可以想象最后的结果如何。事实上，成熟企业之所以无法如愿增长，至少有一半原因在于领导层。我们在第 4 章里展开讨论的每一种思维方式都和管理层所受的训练截然相反。他们爬到高处，因为他们一直做得不错，而且回避了风险。他们几十年来一直按最佳实践行事，对每个新投资项目都遵循严格的财务指标。他们是运营专家！现在，他们也必须学会当创新者吗？

如果他们想要业务增长，是的，必须。

也许这说的就是你（如果是你，那么请赶紧读完这本书，不要转头就拿它垫桌脚），也许这是你的老板，或者老板的老板（若真如此，那么我们希望你能对他们多一点同理心——规则变化太快，他们需要跨越陌生的急流险滩）。

不管是哪种情况，在领导力上保持左右开弓——同时做好运营者和创新者——是你持续成功的关键。因为只是当一个好领导已经不够了。在 21 世纪，CEO 必须是一个增长型的领导，而这个转型的起点就是对增长委员会负责。

完善委员会团队

有了 CEO 领衔增长委员会,现在是时候看看其他成员了。理想的组合是由 6~8 个业务和财务方面的高管组成(技术、财务和法务等),他们有道德、财务和战略上的权威来做出增长决策。组队的目标是:既要集合足够多的成员,让他们能代表不同的看问题的角度,又要尽量精炼,做到灵敏而果断。

| 增长委员会"批准和资助" | CEO | CMO | CFO | COO | CTO | 研发 | BU 总 | 外部投资合伙人 |

图 7-1 增长委员会样本

在和企业的合作中,我们自己也会加入增长委员会。为了做好增长管理,企业需要外部力量帮助审视那些新项目。沃顿商学院教授亚当·格兰特(Adam Grant)在他的著作《离经叛道》里讲过一个故事,很能说明个中缘由。

他带过的一个博士生贾斯汀·伯格(Justin Berg,现任教于斯坦福大学商学院)专门研究过人们预估新点子成功率的能力。伯格设计了一系列实验,要求马戏团演员(是的,马戏团演员,别太吃惊)预估他们的节目受观众欢迎的程度。

实验结果显示,演员们的预估准确度很低,因为他们和节目的距离太近了。于是伯格邀请一些资深的马戏团经理一起观看新节目的视频,让经理们预测哪个节目会最受观众欢迎。结果,经理们也不太擅长新节目的选拔。经理们的脑子里有一个预设的模型——好节目应该是这个模样的,可是这些新节目完全对不上他们的预设。

伯格还是不甘心,他又设计了一个实验。

他让马戏团演员们评估其他演员的节目——演员们作为外部视角参与其中,对潜在节目给出判断。结果你猜怎么样?他们的预测都超级准!他们的预测和观众的真实反馈极其接近。为什么会这样?格兰特教授指出,演员们对自己节目的评价过于正面,经理们的评价则过于负面——因为经理们试图用自己心中的好节目标准来衡量这些节目。但是同行能够用局外人的客观眼光来衡量一个新创意:"这和我过去看过的节目很不一样,但是可能会火。"而且他们也愿意说:"不行,这创意实在太差。你还是回到白板前重新设计吧!"

过去几年里,Bionic 团队曾经召集并参与过超过 100 场增长委员会会议,经验和教训告诉我们,每个增长委员会必须要有一个外部的视角。因此,我们在增长委员会嵌入了一个重要角色,即外部投资合伙人(External Venture Partner,简称 EVP),为了给所有的潜在创业项目提供外部创新者视角。

> EVP 的角色对增长委员会来说至关重要,原因就在于这个人是公司的外人。研究显示,外部人士可能会更有创意,因为他们没有被传统思维和现有解决方案所限制。他们对现状没有成见,与决策结果也没有利益瓜葛,所以他们能提供独立的见解,让会议中的互动讨论不被公司政治所影响。为了克服认知偏见和机构偏见,委员会需要一位经验丰富、态度客观的外部人士。

在组建自己企业的增长委员会时，你可以看看董事会里是否有经验丰富的创业者和早期投资人可以担当 EVP 的角色。或者，你可以从本地的创业生态圈里找一位投资人来充当这个角色（当然，你也可以来找我们）。但是对增长委员会的成功来说，设置这个外部角色的重要性毋庸置疑。

EVP 带入的外部视角

让我们实话实说吧，高管们是顽固的。他们中的许多人有几十年的多种行业的经验，每天都在做着千百万美元级别的商业决策，觉得自己见识广博，什么都懂。他们的确经验丰富、充满智慧，但也会自以为是、顽固不化。教他们对新业务改变看法的过程是很困难的，甚至是很痛苦的。

幸运的是，他们也喜欢挑战。对增长委员会来说，改变旧行为和旧思维是关键所在，所以我们指望 EVP 为其他成员提供建议，给他们输入创业者视角的观点，通常还要提供一对一的辅导。

此外，EVP 要努力引导成员们抛开那些顽固守旧的、可能扼杀创新的领导行为。他们帮助其他高管们带着初学者的心态来到会议室，抛开成见、不断提问，而不是指指点点。每个增长委员会都需要一个不戴着公司内部政治有色眼镜的成员来客观看待证据，并让大家都负责任地参与到这种新的工作方式里。如果缺少这个外部人士，投资组合理论就很难落地。

EVP 必须谙熟创业生态，对公司以外的商业格局有清晰的认识。所以最合适的人既要有初创企业的投资经验，也至少要有一次成功创业经验和一次失败创业经历。这样的人能够带来新的技术背景和第一手的创业体感,并能在高管们偏离了"从新到大"思维模式时当好教练。回到马戏团演员的例子,EVP的角色就像看别人节目的演员,他们既有身体力行的创业经验,也做过足够多的早期投资,擅长评估创新项目。

引入高管赞助人

最后但同样重要的一步是需要明确高管赞助人(Executive Sponsor)。高管赞助人可以不是增长委员会成员,但是他扮演的角色极为重要——他是连接创新团队和增长委员会的桥梁。他需要推动创新团队去思考,保证验证过程的严谨,并为团队清除路障。

如果用风投基金的运作来类比,高管赞助人的角色就相当于具体负责投资某初创项目的那个合伙人。投资该项目的决定是全体风投合伙人(相当于增长委员会)投票做出的,唯有这个责任合伙人要深度参与被投项目。当创业团队遇到重大问题时,当他们得到出乎意料的业务数据、需要做出坚持或掉头的决定时,或者当他们需要找某个领域的专家咨询时,这个责任合伙人是他们会第一时间打电话请教的对象。等到该创业项目到了新一轮融资的时间点,投资决定仍然会是所有合伙人的集体决策,但风投机构内部闭门讨论时,责任合伙人就是最了解这个项目、责任最重大的人。

早期投资人克里斯·萨卡(Chris Sacca)有个著名的特点,即只投资那些他能够对结果有所影响的项目。他当然清楚初创企业必然有高风险,所以他看重的是:"对我投的企业,当团队开始跑偏的时候,我得能现身帮助他们。我会诊断问题所在,帮他们找到更好的人手,帮他们优化产品路线图,还会帮他们找到最初的那几个客户。"他得出的结论是:"成功看上去是幸运的,实则并不偶然。"这段话完美诠释了高管赞助人的角色定位。

在成熟企业的环境中,高管赞助人一方面是创业项目的"董事会成员",另一方面是 3 位 OA 联合创始人的教练。他要审批每个验证实验的资金需求,保证这些实验的质量,还要确认团队在前进过程中始终能依据事实和证据做出决策。

接下来这个案例可以说明,一位出色的高管赞助人能发挥多么重要的影响力。在我们合作过的某家公司里,有个团队已经为一款新的护发产品努力了好几年。团队成员发现了某项已有技术的新用途,可以解决一个真实的客户痛点,他们希望用一个深受顾客欢迎的现有品牌推出这款新产品。公司指派了一位资深的研发高管来负责该团队。因为他来自研发领域,所以他对公司现有的品牌没有什么成见。

按照增长操作系统的验证方法论,团队很快发现,客户的确很希望解决这个痛点,但是客户需要的新产品不仅要够健康(现有品牌有这个属性),还要够好看(现有品牌无法为此背书)。团队很快意识到,他们别无选择,他们必须创造一个新品牌,才能成功地推出这个新产品,可是他们担心增长委员会不喜欢他们的结论。高管赞助人缓解了他们的担忧。他告诉团队,商业真相比任何的品牌倾向都重要。他支持团队向增长委员会建议:必须设立一个新品牌来推出这个新产品。

启动增长委员会

增长委员会的阵容完整了，游戏规则应该如何？基于参与过的数十个增长委员会的经验，我们总结出几条能帮你把委员会运行好的原则：

首要原则

1. 不参会者不投票：只有参会者才有资格投票，不允许派代表来投票。

2. 经常开会：增长委员会应该至少一个季度开一次会（如果 OA 团队数量增加，可以分成小组更频繁地碰头）。

3. 实事求是：增长委员会必须克服偏见，不能自以为是，不得偏向自己喜欢的项目。相反，所有决策必须依据创新团队给出的事实来做出。

4. 行动导向：增长委员会必须在会议上当场决定支持或否决一个项目。个别情况下可以暂不决策，要求补充说明、再议、征集额外意见等，但这绝不能成为惯例。

5. 实时反馈：OA 团队应该在增长委员会会议后得到实时的决策反馈，不能让他们处在悬而未决的状态。

基本规则

作为一家有着数十亿美元业务规模的大公司的 CEO，却要在开会时不发表意见，这肯定不容易，我们很理解。但是增长委员会要求所有成员都能采用一种新的领导风格——以提问代替指示。

提问式领导的基本规则是：

- 对团队提问，而不是发表看法；
- 提问要符合项目当前发展阶段；
- 聚焦于团队提供的证据；
- 任何时候都保持心态开放、乐于学习；
- 承诺信任团队，让证据来指导决策。

处理好机制和成本问题

一旦增长委员会的成员们调整好心态，不再假设自己真理在握，而是虚心提问，那么他们就需要认真思考该提出什么问题。在种子阶段，提出的问题不应该是"投资回报率多少？""利润如何？"或者"我们能抢占多少市场份额？"不应该围绕着净资产回报率、投资回报率和内部收益率等提问。为什么不可以？因为在早期阶段，这些答案都无从知道，可能要等好几年才有眉目。对这些问题的任何回答都是不诚实的，只能导致不靠谱的结果。

我们为委员会成员们提供了已知的、适合不同产品研发阶段的"好问题"。在最早期，这些问题包括："我们接下来该验证什么最重要的假设？""告诉我，你们发现的对这个新点子最感兴趣的客户群或个人是谁？"以及"这个产品主要的竞争者是谁？"

当项目运行到了验证阶段，应该问的是："客户最优先考虑的3个元素是什么？""这个产品起初的商业模式是什么？""这个商业模式的 4 ~ 5 个要素或指标是什么（LTV、CAC 等[①]）？"以及"哪些相邻市场可以让这个业务规模化？"

增长委员会思考这些问题的时候，最重要的是守住增长理论的原则。委员会成员知道自己要负责投资决策，但是需要有人不断提醒他们，这里的决策并不是在百万美元支票上签字，还远远没有到时候呢。他们首先要适应的是分阶段投入小额资金。这一点对于习惯了分配大笔预算，然后祈祷一切顺利，等待几年后出成果的高管来说，可能违背本能。对大多数高管来说，做 10 万美元的投资决策要难于做投资 1000 万美元的决策。

现在，他们必须适应规模更小但数量更多、更频繁的风险。他们要降低拨款额，准备好遭遇快速的变化和不太清晰的阶段性结果，然后基于团队提供的证据，做大方向上的、经验性的判断。如果 OA 团队得到的结果的确不理想，他们要敢于停止投资，同时要调整自己对业务结果的评判标准，不能拿自己习惯的标准评估创业项目的进展。当团队在 12 ~ 16 周后来汇报成果时，这些成果不会是包装精美的或无风险的。这时的汇报重点是基于事实的认知迭代，聚焦于解决方案是否能满足客户需求。增长委员会的成员要愿意信任团队，信任流程。

在这种管理模式下，犯错的成本显著降低了。很多委员会成员会快速（有时太快了）调整，接受新范式，从缓慢而昂贵的模式转向快速且廉价的模式，这个变化很令人兴奋。对每一个创新点子的兴奋，有时候也会导致委员失去对整体的 TAP 的把握。

[①] LTV 是客户终生价值（Life Time Value），CAC 是获客成本（Customer Acquisition Cost）。——译者注

以下是一个例子。几年前，一位 Bionic 的 EVP 合作的公司同时在推进几十个实验项目，测试一大堆不同的解决方案。这位 EVP 不得不叫了暂停："所有这些测试的确都提供了一些成果，这很好，但是我们更大的目标是什么？别忘了我们想要解决一个足够大的客户需求，而这些成果告诉了我们什么？"

团队不知道答案。他们在这个快速变化、不断有产出的系统里玩得太兴奋了，已经忘掉了更高的目标。他们感到自己似乎在取得进展，因为他们不断得到一些实在的小成果，但是他们已经忘记了自己要去的方向。

增长委员会停下来，整合了各团队在客户痛点方面的收获。团队的目标是要发现一个足够大的客户问题，为之探索得到全新的解决方案，从而为公司开辟一个全新的市场。这个市场应该是公司能占有的，甚至能独占的。EVP 帮助团队回到初心，重新梳理了各团队的 OA 之后，一个增长方向浮出了水面。

大家一致认为："我们不想以产品生产商的角色进入市场，我们进入市场是因为我们有解决这个重大客户问题的最佳方案。我们要为资源有限——没有空间去容纳设备，没有时间去亲自解决问题，没有钱去外包这部分工作——的客户找到解决方案，我们要创造全新的机制，使我们的解决方案对客户家庭来说是安全的，而且是环境友好的。"

增长委员会需要一个摸索的过程，才能搞清楚这套机制该怎么运转——起初会犹豫，随后是理解，接着接受了增长操作系统的方法论，然后被创新团队接踵而来的成果搞得眼花缭乱，再然后是重新梳理，最终才凝结出一个更大的业务增长方向。这对增长委员会来说是令人震撼的、激动人心的体验。他们意识到自己不仅是在苦心研究新产品并将之推向市场，还是在重新定义一个愿景，找到大规模、可持续的客户需求，并在此基础上构建公司的未来。

你准备好观摩一次真实的增长委员会会议了吗？让我们敲开门，看看会议是什么样子的吧。

灯光、镜头、开拍！

我们已经谈过了增长委员会的所有组成部分——成员、机制、方法论，以及委员会的长期愿景。现在，我们来谈谈增长委员会会议是什么样子的（记住，这不是传统的投资委员会会议）。

增长委员会每季度召开一次会议，通常每次花半天时间。会议的首要目的是让委员会和OA团队见面，讨论团队对要解决的客户问题的认知进展，看看委员会可以做点什么来帮他们加快进度，并对投资组合项目下一步的变化做出决策。团队演示汇报的基本框架如下："以下是我们的假设。如果假设成立，我们将开始进行以下实验。我们想请你们批准我们朝X方向前进。或，我们需要Y才能取得更快的进展。"然后是提问、回答或讨论，重复这些环节。委员会之后必须做出决策，即是否继续在这个OA项目上投资。

在一个OA项目团队汇报之前，该项目的高管赞助人通常会花上几分钟对增长委员会总结一下进展。这种概括性总结大致是："这些是我们认为已经搞清楚的事实，我们已经有了这些很有价值的洞察。我们相信X是一个极好的机会，我们也发现Y没有足够大的潜力。"这些话能让委员会对汇报内容做好准备（如你所知，高管们喜欢从标题开始，然后再去关注细节）。

每次的增长委员会会议通常有多个 OA 团队汇报，EVP 负责推进会议的流程。要给每个团队安排出汇报和回答委员会提问的时间。团队可以播放他们计划最先突破的客户群的采访视频，也可以展示客户和原型产品互动的情形，或演示下一阶段要开发的产品的模型。他们还可以演示其他创业公司在同一领域的相关测试数据，以及几周以来他们的实验产生的结果。如果团队认为某个解决方案可行，那么他们需要用扎实的数据和发现来支撑自己的想法，为他们所申请的资源准备好理由。在早期的增长委员会会议上，每个 OA 团队都要汇报，但是当 OA 的项目数量变多后，只有那几个需要向委员会申请资源和追加资金以便能推进到下一阶段的团队才有汇报机会。

团队有一项工作通常是由高管赞助人牵头的，即追踪公司以外这个 OA 领域的动态。这个行业的投资流向何处？这个领域的领先企业和明日之星是哪些？在委员会会议的汇报里，高管赞助人和联合创始人可以要求对外的投资或并购来加快他们的前进速度。

一旦团队完成了各自的演示汇报，增长委员会和 EVP 开始闭门讨论。委员会研究各 OA 项目需要决策的内容，收集成员对项目团队的意见反馈。他们要决定，是否通过投资、并购、批准、连接或者这些手段的组合，支持某个 OA 项目继续运行一段时间（通常是 6～12 个月）。他们也会研究投资组合的指标，讨论目前这些 OA 项目是否有足够的规模、速度、质量和业态来达成增长目标。

等所有项目汇报和决策都完成后，还要有一个自我反省环节作为收尾：增长委员会自己的表现如何？是否问了正确的问题？下一次会议该如何改进？

谈到下一次会议，值得一提的是，虽然所有的会议流程大同小异，但会议的氛围和面貌会随着增长操作系统在组织内部的成熟度不同而发生变化。第一次增长委员会会议往往是尴尬和令人不舒服的，对任何人来说都是如此。委员会成员和 OA 团队还处于一个陡峭的学习曲线上，所以每个人都会有些敏感、紧张，这是很正常的。（EVP 往往是第一次会议的推动和主持者。）

第二次会议通常在 6 个月后召开，一般会顺畅很多。项目团队已经适应了创新工作流程，并开始看到一些假设得以验证。有几个点子可能已经通过了"种子阶段 1"甚至"种子阶段 2"，潜在的商业模式也开始渐渐浮现。少数领先的早期方案可能已经通过了高仿真原型的测试。

到了第三次会议时，通常已经有一个产品通过了"种子阶段 3"的考验，准备进入实际研发阶段。另有几个创意可能在"种子阶段 2"表现良好，准备进入"种子阶段 3"。至此，增长委员会已经懂得如何评价每个解决方案。尽管投资组合里的项目数量可能还不够多，但委员会可以开始把重点转换到管理投资组合的健康度上了。

一旦到了第四次会议，大家已经能作为一个成熟的投资团队讨论问题、默契合作了。因为即将要投出大笔资金，增长委员会的讨论会聚焦在如何为新业务铺平道路，让其能从种子阶段进入实际研发阶段，委员也逐步熟悉了他们所在的市场（或即将创造的市场）的实际情况。至此，EVP 可以退后一步，不再引领委员会会议的进程了。这时，EVP 要扮演的角色是一个可信赖的顾问，帮助委员会做出正确的投资决策，管理增长投资组合的健康状况。

从一次性努力到永续能力

创造一种创业友好的内部环境,是增长委员会要面对的最大的,也是最重要的挑战。通常这个挑战比投资决策还要关键。这方面的工作包括为 OA 团队提供组织层面的空中掩护和经营层面的自由,还要在组织内部固化创业思维方式。成功的增长委员会营造一种开放的心态和敢于冒险的环境,借此推动大量的创新项目持续、快速地涌现,预判并解决团队的路障,为其提供必要的资源,聚焦于正确的机会领域。

为了把这种能力从一次性的变成永续的,增长委员会和 OA 团队需要从一批关键的专业人士那里得到支持。他们需要人力资源团队。只有通过人的努力,增长操作系统才能嵌入组织,成为公司的 DNA。所以下一步,我们来谈谈人的问题。

第 8 章
一切在于"人"

"从新到大"的改变，当然离不开"人"。如果缺少了精干、热忱、聪明、投入、充满想象力、善于合作、充满远见、真实和有着可爱缺点的人，什么事情也完成不了。

　　你也许会怀疑：我真的能找到合适的人来做成此事吗？即使他们确实存在，我又该如何找到他们？我该如何让他们从日常工作中脱身，被重新安排到创新岗位上而不打乱整个体系？我该如何说服他们，让他们相信此项工作会有前景而不会毁了他们的职业生涯？

　　最后一个问题产生的背景很有讽刺意味。过去十几年来，在一家成熟公司里，如果谁被调整部门去了创新团队，这可能意味着他们的职业生涯进入了慢车道，甚至意味着其在公司内部的前途已经终结。一旦投身"创新"，他们就已经不在职位提升体系的视野里了，因为内部提升只关注让业务"从大到更大"的人。有的人甚至把这逻辑更进一步，认为被调到创新部门就意味着职业生涯的死路一条。让我们花点时间来承认，这现象是多么地令人沮丧：我们现有的体系实际上在惩罚那些勇于冒着风险创新的人，即使公司的员工队伍中有几十个天生的创业者，他们很可能都不愿意站出来。

　　但是等等！还有更糟的消息！在推崇"从大到更大"的组织内部，最成功的人是那些善于提高确定性和降低风险的人。但"从新到大"则要求员工探索未知领域，摸索新的边边角角，不断扩大边界。在"从大到更大"的体系里，员工因为做对了事情而获得提升；在"从新到大"的体系里，则需要人们承认自己的无知，不断提出正确的问题来迭代认知。这两者的对比，意味着典型的"从大到更大"的公司里的优秀员工，恰恰已经养成了（相对"从新到大"来说）错误的行为模式。你需要的那些可以启动增长操作系统的人才，可能不是那些已经一步步提升到一定位置的员工。这些人需要被搜寻出来。再延伸一步，为了让"从新到大"的体系成功运行，你需要调整员工治理的基础架构，来找到、激励、留住、奖励并培养这些人才。

首先，找到人力资源团队的创新型伙伴

　　关于创新的组织工作有两个关键部分。首先，我们要改变现有的"从大到更大"的人力资源（HR）体系，来支持新的创业型职能。我们应该站在创业和风投视角，重新评估公司现存的管理机制，包括人才识别、绩效评估、汇报结构、激励政策、薪酬体系，哪些行为会被鼓励，哪类主管会被提升，等等。所有这些都需要调整甚至大改。如果这听起来像是在重建整个HR体系，那也有一定道理。大部分调整可能是微调，也会有少量调整大得几乎不现实。

好消息是，我们不需要一下子完成所有的工作（但是我们要马上开始做小规模的 HR 实验）。

组织工作的另外一部分，是要帮助有创业潜力的员工和主管获得优秀创业者的技能和思维方式。由于增长操作系统的相关工作与大家原本熟悉的工作性质有根本的不同——尤其是其他同事还在采用成熟企业的那一套模式来做事，所以他们需要培训、指导和带教。

很明显，我们需要找到一个富有创新精神的 HR 合作伙伴才能完成这些组织目标。此人必须在增长操作系统上投入足够的时间。如果你担心根本无法找到理想人选，那么放轻松，我们已经一再目睹这样的案例——一旦找到正确的 HR 合作伙伴，他们不但乐意接受挑战，还会充满热情和兴奋。

四大支柱

为了组织调整工作能顺利进行，你和 HR 伙伴需要从一开始就有一些灵感和刺激。我们总结了人才管理方面的四大原则性支柱，它们对增长操作系统的成功至关重要。

支柱一："干活的"和"推动者"

让我们拿戏剧领域来打个比方。有两个群体对一部戏的成功来说必不可少，一个群体是"干活的"，包括演员、设计师、导演、剧务等，他们全身心投入当下的演出制作；还有一个群体是"推动者"，包括经纪人、艺人经理、制作人，以及其他对演出成功起着重要作用的人，他们可能也在为其他项目忙碌着。

所有这些增长操作系统的相关人员，都对他们参与的创新项目有着自己的需求，都要被关照好——不管他们是100%投入的"干活的"，还是部分参与的"推动者"。"推动者"也需要被关注，不可以忽视他们，不可以让他们感到被边缘化。我们必须获得他们的支持，帮助他们破除障碍，尊重他们的需求，特别是，避免影响他们的职业成长。

支柱二：创新尝试必须没有后顾之忧

在创新的整个过程中，参与者必然需要做很多原有HR体系不支持的事情。他们可能从原来的部门抽调出来，被指派给新的主管，被要求放下手头进展良好的项目，接受这些变化是需要勇气的。如果创新不成功，参与者需要得到充分的保障，相信自己会被妥善安排。他们知道，放弃原有的职责意味着有被边缘化的风险，因此加入创新团队就是冒巨大的风险。重要的是要让他们相信，自己站出来为创新业务做贡献时，不会被惩罚，职业生涯不会受阻，不会被降级或取代。

"我们要感激的是团队获得的认知迭代，那些被砍掉资金的项目团队受到的待遇，和那些继续得到资助的团队是一样的。"通用电气的埃里克·格布哈特坚持认为，"他们能看到，这是一个很安全的创新环境，项目中止并不是失败，而是有效的学习过程。建立这种信任感非常重要。"

同样道理，这些创新者有主管——在矩阵式管理的机构里，可能还有多个主管。按惯例，主管可能要负责评估这些参与创新的下属在新职责上的表现，而这个新职责他们可能无法了解或理解。这种不对称风险不应该由创新者和他们的主管来承担。应该尽一切努力，让大家都"安全"。所有涉及增长操作系统项目的人，其职业生涯都不应该受到威胁。

支柱三：从容易之处做起

对于正确的 HR 合作伙伴而言，这条原则是最让他感到宽心的。设想一下 HR 会遇到的挑战：他们推出的项目和政策一下子影响到了数十、数百甚至数千人。如果有一点出错了，对他们来说可能就是世界末日。做 HR 的人从出校门开始，就被训练着设计"全面的""完善的"和"扎扎实实"的解决方案，并要顾及最多数人的利益。

现在我们在做前人没尝试过的事情，但是一开始只影响到 20～30 个人，所以没必要从一开始就推出一项完美的解决方案，试图覆盖上万名员工。事实上，那样做是最没有效率的！相反，你的 HR 伙伴应该像 OA 的联合创始人一样，做小规模实验，因为他们其实在做一样的事情——试图用最廉价、最快速的方式学习。比起大规模的、全面的、完美无瑕的方案，HR 也应该找到最短平快的解决方法，尽快了解他们设想的方案是否会如愿执行。

找到简易的短期方法来支持新的内部创业职能，也许无法给你规模化的长期解决方案，但是这方法可以解决燃眉之急，教会你很多东西，为你的团队争取时间，探索得到持久的解决方案。

支柱四：注重团队表现而非个人

创业是一种集体努力。这意味着个人效能只有在贡献于集体效能时才是有价值的。这个理念和多数成熟机构的理念刚好相反，所以有必要好好分析一下。这意味着成功的定义基于团队成员朝着集体目标前行的进展,而不是基于个人的贡献。在一个早期的创业公司里,很少有绩效评估的环节,你的公司要么生存下来,要么干脆倒闭了。你要么还在团队里,要么就不再在里面了。这个残酷现实要求你必须像激光一样聚焦于集体的产出("我们今天只卖了10双鞋子"),而不是个人的行动("我今天按时完成了我负责的市场营销页面")。

因为创业的项目怎么做及参与者如何为其负责,是和原来大企业的规范全然不同的,所以只有那些在项目内部工作的主管,才有资格评估参与者的绩效。"推动者"可以有自己的看法,但是只有项目组成员才真正了解"表现优秀"在那个特定场景里的含义。

好好理解以上谈到的四大支柱,并把它们作为你打造创新团队时的首要原则。显然,你必须得到 HR 伙伴的认同,其他成员也是如此——增长委员会成员、OA 联合创始人等。只要他们参与创新工作就都需要接受这套理念。

现在,让我们看看应该如何发现"对"的人才来充实项目团队。

创造机会让潜在创业者现身

创新团队建设的最初阶段通常会遇到很多麻烦。主管们会抱怨:"我们没有合适的人来搞定这项工作,公司里根本没有人做过这类事情。"

别着急,项目需要的所有角色,你们公司里面都有。在你们企业内部,一定深藏着一些具备创业敏感性的员工,他们被模糊的未来吸引着,喜欢探索,经常想着如何用更好的方法来解决问题。

他们总在持续学习，不害怕挑战那些根深蒂固的偏见。这些特点让他们在以往的高潜力项目的人选评估时，常被看成是不合适的。所以你的第一步棋，就是要让这样的人看到参加创新项目有改变他们职业生涯的潜力，说服他们，让他们浮出水面。

说服他们是最基本的一步。如果一个人是被命令而不是自愿加入创新团队，结果只会不幸。你不可以直接告诉对方："我跟你说，现在你的岗位变了。"如果他们不适合做创业、增长导向的项目，或者他们虽然适合但不情愿做，他们会萎靡不振，甚至还会怨恨公司毁掉了自己的职业生涯。你可以邀请和动员，但不能强求；可以征集志愿者，但不要让人不情不愿地参与进来。

第一步：筛选核心特质

成功创业者有哪些必备的特质和能力？这方面的书和文章可谓层出不穷。但是我们总结出来的是适合在成熟企业内部创业的人员的特质和能力，而且都经过了我们仔细的校准。

如果你的公司里已经有成功的、经过时间考验的创业者，那么你肯定会倾向跳过筛选核心特质这个环节。有个例子来自 Bionic 的一位早期合伙人。他曾是某公司高管，因为创新型工作成就而多次获奖。他在加入该公司之前已经靠着自己创业赚到一笔钱，有着几十年的工作经验，公司自然认为他是完美的创新业务人选，毫不犹豫地把他放在 OA 项目团队的领导者位置上，没有考虑他是否具备联合创始人的特质。然而他个性好斗且抵触他人，以前的经验反而让他不能很好地接受新方法。他的团队深受其苦，工作也被拖累了。结果，他很快从增长操作系统的角色退出了，公司也意识到，核心的联合创始人特质是必备的，不容妥协或马虎。

以下是我们希望参与增长操作系统的人能具备的特质，你可以在公司里用这些特质来筛选有创业禀赋的人：

增长委员会成员特质

增长思维：深信创业精神的重要性，热衷于把新概念和最佳实践带入公司，有强烈的自驱性以创造基于客户需求的成果。

充满弹性：优先考虑可能性而不是困难，乐于在模糊中创造出最高的增长。愿意承担适当的风险，可以在不确定的状态下做决策，欢迎不同看法。

基于提问的领导力：用提出问题来趋近答案和业务本质。能识别并鼓励建设性失败，用证据来验证或者否决关键的假设。

勇于负责：直接向CEO汇报。有足够的影响力和权威来清除组织层面、文化层面和系统上的路障。

颠覆者：挑战现状和现有组织的陈规陋习，克服官僚主义以提高出成果的速度。

营造宽松环境：创造一个所有人都愿意自如地表达不同意见的环境。为大胆的创意提供空间，让大家敢于直面严酷的真相，承担一定程度的风险。

高管赞助人的特质

催化剂：以身作则运用增长思维方式，并帮助他人也这么做。

热情洋溢：坚信增长机会，并有强烈的欲望去提供有影响力的解决方案。

备受尊重：有足够的资历和权威为团队清除障碍、提供资源。

提供支持：给团队成员提供指导（每周约一个小时），并为他们在增长委员会争取支持。

当好园丁：对团队采用关注但不插手的态度，指引他们找到正确的资源，而不是直接告诉他们答案，也不是直接管理创新过程。

联合创始人特质

适应性强：不断提出新思路。在现有的流程和技术不足以解决问题的时候，能研究出新的解决方法。

充满好奇心：能在看起来分割的、不相关的源头之间找到规律，期待用创新的方式打造并定位新的业务想法。

保持谦逊：和团队一起进步，不断提升自己的能力，渴望向他人学习。视团队合作为自我提升的有效手段。

热衷于实验：能有效地把实验和其他研究、测试、指标结合在一起，发现目前创新策略的优缺点，找到明确的方向。

```
增长委员会    CEO  CMO  CFO  COO  CTO  研发  BU总  外部投资
"批准和资助"                                        合伙人
```

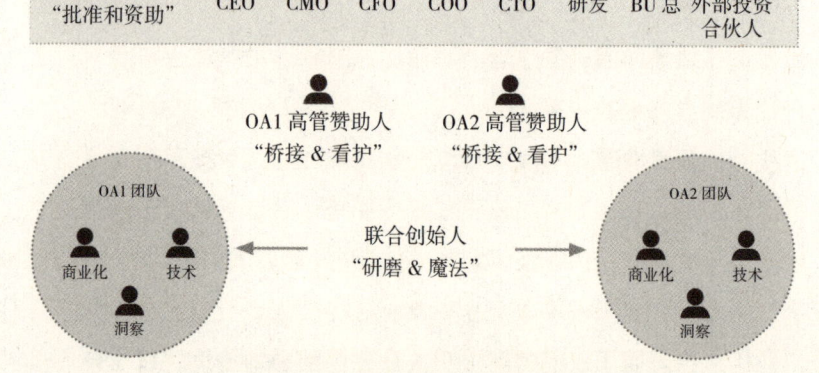

OA1 高管赞助人　　　　OA2 高管赞助人
"桥接 & 看护"　　　　"桥接 & 看护"

OA1 团队　　　　　　　　　　　　　OA2 团队
商业化　技术　　　联合创始人　　商业化　技术
洞察　　　　　　"研磨 & 魔法"　　　洞察

图 8-1　加入联合创始人和高管赞助人

还有一个团队需要配置好,那就是运营团队。我们将在下一章里深入讨论。

当你寻找和面试感兴趣的候选人时,切记他们要具备上述特质,或者展现出这些方面的潜力。这么做不仅是为了保证他们个人的成功,更是为了其所驱动的创新项目的成功。

第二步:培育自告奋勇的氛围

我们在前文中提到过,切勿"强行动员"某些人参加创新项目。更好的方法是创造一个环境,鼓励那些具备创业特质的人主动站出来承担创新工作。

关键是 CEO 要成为增长操作系统的超级粉丝。

如果从公司上层传递的信息是正面的、激动人心的,那么员工就更可能主动请缨。如果 CEO 亲自领导增长委员会,旗帜鲜明地支持创新工作,并鼓励其他高管也这么做,那么有天赋的员工就会感到安全,乐于站出来。广泛宣传创新的重要性并突出展示领导层的热情，是培育创新氛围的必要基础。

宝洁的 CEO 大卫·泰勒（David Taylor）就是这方面的典范。他发起了一个内部增长操作系统项目，取名为"增长有用"，亲自负责增长委员会，而且身体力行成为学习型领导者的榜样。宝洁的首席研发创新官凯希·费希（Kathy Fish）和首席品牌官毕瑞哲（Marc Pritchard）共同领导"增长有用"项目，建立了一个专项团队来助力各业务单元。宝洁各个部门有创新精神的员工纷纷举手，加入创新型工作。这个过程为公司增长找到了大量的新机会。

培育自告奋勇氛围的第二步，是提供低风险的、便利的方式，降低员工志愿投身创新的门槛。你要让员工有机会了解和体验这些新工作是什么样的；你还要维护一个创新人员候选名单，今天可能没有明确的空缺给他们，但是很快就可能产生这样的位置。

考虑设立一个增长操作系统的招聘专场。

各个招聘站点的员工都要能解释清楚每个职位的含义，以及创新过程的每一阶段，项目组要做些什么。鼓励应聘者表达自己的兴趣，把应聘者登记在观察名单上。

还可以举办一个"创业周末"活动。

邀请所有对创新感兴趣的员工参加一个为期两天的密集训练营，参加者根据得到的问题提出一些创意，并为这些创意做一些测试。到训练营结束时，每个小组演示自己的方案。整个训练营的目的不是真的要收获业务创意，而是要发现那些对创新工作真正有兴趣、有天赋的人。你也不必立刻给他们分派职位，而是要发展对创新感兴趣的人才库，以便业务扩张时能及时充实队伍。（显然，这活动也不一定要在周末举办,任何连续的两天时间都可以。)

第三步:创造安全的探索氛围

本章一开始我们谈到了,在成熟公司做创新工作可能是职业生涯的自杀行为。换挡改做新产品、新方案,通常被认为会限制自己的职业发展前景,这让很多人感到害怕。一旦某人被连根拔起,从原来的核心业务部门转到了创新团队,在创新项目结束后回到原来团队时,他们经常不受欢迎。没人在人才盘点会议上为他们说好话,因为他们已经不再是核心团队的成员,他们当初的位置已经有人填坑了。还有,如果创新"失败"了,大家会怎么想?在核心团队里,他们的个人品牌也会受到影响。

几年前,这种情况就发生在一位增长操作系统的联合创始人身上。她从消费者洞察部门被选中,专注于新项目的工作。但是,她依然向自己原来部门的经理汇报。原来的经理并不清楚她的新工作的内容,也不知道该如何衡量她的绩效,所以依然用原来的绩效标准来评估她,像评估部门里的每个人那样。她不断向经理解释她完成的新工作及她学到的新东西,但是经理全然没有准备好该如何消化这些内容。她感到很茫然,经理也不知道该如何指导她。当她结束了增长操作系统的项目,双方都很困惑,不知道如何让她回到原来的岗位,重新跟上进度。让我们回头想想"支柱二"的内容——创新尝试必须没有后顾之忧。因为组织还没有做好这方面的准备,所以她参与增长操作系统项目使得双方(她和原主管)都不安全。

我们已经说到,联合创始人和增长操作系统项目的所有成员都需要向他们的高管赞助人汇报,而不是向原来的主管汇报。在项目执行期间，他们的评估只能由参与此工作的人做出。但是我们也要求建立一种机制，让员工在脱离原来的岗位和部门后得到保护。

为了避免让增长操作系统项目组成为令人懊悔的、伤害职业生涯的黑洞，公司必须从一开始就准备好让员工能回到核心业务岗位上。不是每个员工都愿意回到原来的岗位——不少人也许觉得创新岗位对他们的技能和职业目标而言是更好的选择，但是当创新之旅结束时，那些想回到原部门的人必须有安全的出口。那可能意味着创造一个新的支持计划，指派一个高层领导者和一个熟悉创新工作的 HR 为这些项目成员说话，也可能意味着要沟通清楚，这些项目成员的新技能和新思维将如何有助于原部门的核心业务。回到原部门的员工需要一些工具向其他人布道，教会别人如何获得增长技能，培养增长思维方式。

人才移植规则

对增长委员会成员和高管赞助人来说，增长操作系统的项目是在原工作之外的。但对联合创始人来说，最重要的是要全身心投入。对很多人来说，项目是暂时的，持续时间可能是 18 个月、两年，也许更长一点，但是在项目运行期间，他们必须 100% 投入。

如果一个创业者只投入 30% 的时间精力在创业项目上，他可能永远找不到一个愿意投资他的风投机构。投资人愿意和兼职的创业者开会，提供一些建议，但是他们永远也不会把真金白银投给一个无法全身心投入的创业者，这项工作绝对不能是一个只花部分时间精力的业余项目。因为创业者需要痴迷于待解决的客户问题，才能获得真正的认知，并创造出大规模商业化的机会。更重要的是，在一家成熟企业里，试图同时做两件事（创新项目和核心业务）必然会造成动机上的冲突。哪件事会更被重视？肯定是你长期在做并能给你带来下次提升机会的那一件。

C字头的领导者和高管们应该力主对创新项目的100%投入，并愿意随时为捍卫这一点的重要性而战斗。一旦他们做到这一点，各个层级的员工都会知道，在公司做创新项目是安全的，可以全身心投入其中。

现在，你已经筛选出了一个潜在人选，发现她适合创新，你给她提供了OA联合创始人的职位。如何让她从目前的部门、角色和工作里脱离出来呢？

很遗憾，这个问题没有唯一的标准答案。但是我们可以回到"支柱三"的建议——从足够好的（虽然并不理想）、容易的事情做起。在刚启动"从新到大"引擎的时候，你并不需要把一套可规模化的人力资源方案——让员工从原来的角色脱离并被顺利分配到OA团队里——准备到位，你只需要准备好一个临时机制，能让第一批创新者（通常十来个人，甚至更少）运转起来就行。

也许你可以把所有的OA团队集中起来作为一个单独的机构，也许可以把所有的联合创始人暂时集中到现有的某个业务单元里。你自己公司的结构、薪酬规则和人力资源系统，决定了哪种做法可行，哪种做法不合适。你尽可尝试一个解决方案，让创新工作先开始，随着创新项目的进展，再去深入思考可规模化的解决方案的细节。

到目前为止，我们似乎把该搞定的都搞定了。至于那些没有马上介入创业项目却对项目成功与否至关重要的人员，我们该如何对待？如何对待那些推动者——刚就位的联合创始人的原部门主管，那些后台职能的人，例如法务、财务、合规、HR（也就是那些可以说不，但是和创新项目没有利益瓜葛的人）？我们该如何支持和争取他们的参与？

推动者管理原则 101

那些理解增长操作系统的价值并觉得自己受到创新项目成员尊重的推动者，才是快乐的推动者。快乐的推动者不会给增长操作系统项目组的工作制造障碍。

相反，不开心的推动者可能给创新项目造成严重的危害。

我们的合作伙伴曾经遭遇过这类局面。开始创新工作时，我们按照惯例操作：吸引联合创始人，识别出新 OA，建立 100% 投入的 OA 项目团队，还找到了高管赞助人负责联合创始人的日常管理。但是在这家公司，联合创始人的原部门主管依然在 HR 体系内负责管理他们。也就是说，创新参与者的年底绩效评估、薪酬待遇和提升建议等，都挂在原部门主管那里。主管们依然保持每周和联合创始人的一对一会议，要求他们提供常规汇报，这些事情每周需要占用联合创始人几个小时的额外时间。虽然联合创始人未必会抱怨，但是这些额外的事情对他们不利，让他们担忧即将到来的评估和薪酬激励面谈，毕竟增长操作系统的工作和他们原部门的发展目标并不匹配。

这样过了一两个月，其中一个联合创始人无意间对高管赞助人提到了自己的担忧。高管赞助人自然很关注联合创始人的士气和聚焦度，他之前不知道这个情况，因而非常震惊。同时，高管赞助人意识到，让原部门主管知道创新工作的进展，不厌其烦地与联合创始人沟通其在创新工作中获得的新经验和新技能，是多么重要的一件事。所以高管赞助人找到负责增长操作系统战线的HR，和那些原部门主管一起坐下来，制订了一个月度例会制度，沟通创新工作最新进展，也让联合创始人的带教和成长计划更加透明。然后，他们又规划出时间，大家——包括联合创始人在内——一起坐下来讨论OA团队的薪酬激励和绩效评估方案，以便让联合创始人能在安全的环境里实验、失败和迭代。

这个方法产生了奇效。高层领导的大力支持与开放坦诚的沟通结合，成为一种高度有效的推动者管理策略。从那以后，我们在其他合作伙伴的公司也采用了这种办法，相信它也会在你的组织施行增长操作系统时发挥作用。

人们对陌生的事物容易产生害怕的心理。但当他们感到自己充分知晓了情况后，他们就不会那么排斥。关键在于，你要对增长操作系统的工作采取透明开放的态度，这恰恰是因为该系统的实施和典型的公司变革非常不一样。

公司的老员工可能经历过内部的实验项目。"让我们一起拥抱敏捷转型！""让我们换一种方式来研发软件！""使用精益方法！""不管要怎么改，让我们一起来做！"

但这次不一样。这次是一小部分员工全身心投入到一个工作子集中。为了催化这种深刻的变革，我们把那些全情投入的创新人员安置在一个特殊的圈子里。一开始，圈子里可能有30个人，到了第二年，可能就有150人了。对一家大公司来说，这人数并不算多。在圈外人看来，这个小部队似乎得到了特殊照顾，遵循着不同的游戏规则。圈外人感到好奇，还感到受威胁。他们想知道圈子里的人在做的事会在何时、如何迫使自己改变原来的工作习惯。"这些人将要掀起一波新浪潮吗？如果是，我们该如何准备和应对？"

预防这种恐惧的最好方法是开放地分享信息，就像上面举例中的做法一样。虽然顶层支持和口头认可至关重要，但招募到一个 HR 伙伴同样重要。有一个擅长沟通和人事管理的人帮大家克服恐惧，管理好内部的流言蜚语，回答大家的疑问，很可能会挽救一个创新项目。

谈到 HR，让我们再回顾一下"支柱三"所说的：从足够好的（虽然并不理想）、容易的事情做起。这个思维方式对公司内部想推动增长操作系统运转的 HR 来说非常重要。如果有一部分 HR 愿意和 OA 团队及高管赞助人一起经历创新之旅，如果他们认可自己参与的事情是一个伟大的实验，他们就能意识到，自己可以主动为这个新系统做贡献，而不是被它拖着走。这些 HR 有机会设计一种新的人才管理方式来支持增长思维方式，而且可以将之规模化应用。这种方式应该不断修补，小规模试点，验证后再在全公司大规模推行。

一旦认识到这并不是让每个人都改变——我们只是让公司一个极其微小的部分临时变化一下，以求验证更长期的管理方法，很多 HR 团队成员会感到非常轻松。事实上，很多人会感到这种变化宛如一股清风吹进公司，很多 HR 进行实验的速度比其他职能部门还要迅速！HR 是推动者群体里最重要的部分，他们的支持对实现这种组织变革而言至关重要。

修改激励体系

当项目逐渐成熟,有一项工作很重要,那就是决定"从新到大"团队的薪酬和激励机制。我们多么希望能给你一个百搭的公式,插入你现有的系统中,就能把原来"从大到更大"的管理办法变成"从新到大"的管理办法,但是我们没有。薪酬和激励的政策,总是随着行业的不同而不同,而且极其复杂。

尽管如此,我们还是总结出几点建议,你可以用来调整激励机制,以适应增长操作系统的需要。

起步阶段保持稳定:参加创新的人的薪酬,最好至少 6 个月内保持不变。这让每个人都有机会观察一下自己是否适合这项工作。这样做还有一个好处是:容易实施,不耽误事儿(支柱三)。

从一开始就明确期望:增长操作系统的参与者将用新的、不一样的标准来评估绩效,他们应该从一开始就明确这一点。例如,增长委员会成员应该采用基于提问的领导方式,如果还保持一言堂,就要有人提醒他改进。他们都要提前清楚这一点,从而调整自己的行为。

听取高管赞助人的意见:为了给每个参与者公平的薪酬,绩效的期望值设定应该由一群对新工作有深入理解的人共同参与设计。HR 应该确保高管赞助人参与其中。

"好"和"坏"的标准都要定义清楚:在整个创新过程中,大家不需要害怕项目的失败，但还是应该让每个人知道，哪些行为被认为是有害的。例如，过度建设原型可能是一种要被叫停的"坏"行为。再如，在实验预算不足的情况下得到明确的证据，可能是一种值得奖励的"好"行为。

奖励团队，而非个人：再次强调，创新是集体工作的结晶。这意味着激励也应该归于团队。这样才能鼓励人们有效而热情地合作。

沟通成功信息：在增长操作系统的成员得到提升的时候，要及时沟通清楚为什么。要刻意地、高调地称颂这些成功，让公司的每个人都知道公司重视创新型工作。

还有，尤其要在一开始就愿意保持灵活，乐于改变，因为一套纸面上挺合理的薪酬体系可能在实际运行中碰壁。找到不伤筋动骨的方式来测试你的想法，然后欣然接受小挫折。没关系的，我们都是在一起做实验，记得吗？

在认可和奖励增长操作系统参与者时，保持沟通的透明是非常重要的，因为这关系到人才招募。如果公司员工普遍看不到参与创新项目和职业进阶之间的正向关系，未来想扩大创新业务时，就很难吸引到新的志愿者。相反，如果大家清楚地看到，加入创业型项目对个人成长、升职和加薪都有好处，他们将很兴奋地加入其中。

衡量成功

衡量 OA 团队的成功，似乎是开门见山的事情——如果他们测试的解决方案能走向市场、规模化并盈利，那就是成功！

但是组织人事上的成功要短暂得多，因而更加困难。你希望为增长操作系统项目吸引、留住、培养和招募到合适的人选，为了达到这个目标，你需要用尽一切有效管理手段——清晰的工作描述、合理的薪酬、认可、提升潜力、职业成长，还要对如何成功有深刻理解。如果你的团队能不断扩充，不断发现和打造出新业务，就算很不错了。如果你能打造出一个生机勃勃的生态系统并产生大量的重复创业者，那么你就真的赢了。

是的，你希望公司的创新产品组合都蓬勃发展，但是负责这些解决方案的人的成长也需要被重视。这种成长和伴随它的技能和智慧，都会成为核心业务的加分项。

我们和耐克公司合作时，耐克公司发现并验证了一个真实长存的客户需求，即为学校运动队设计生产小批量的运动制服和球迷装备。所以我们开始探索一种直达客户的模式，让学校可以直接订制他们需要的服装，同时保证价格合理、快速交货。

该创新团队已经走得很远，模拟出了这个新模式如何运行，但他们没有把它作为一个独立业务来发布——其实这对耐克来说很容易做到。他们意识到，如果把这个新方向直接放在核心业务里，风险会很小，益处则很大，他们就这么干了——把这个创新作为一个礼物献给了整个公司。此举实际上改变了核心业务团队的运作模式。领导该项目的内部创业者继续探索其他新方向，把学到的所有东西带入了新的OA项目。

当你在设计自己公司的规则时,要记住有很多种方式可以衡量成功。如果核心业务因为增长操作系统的推动而演变,这对整个公司来说绝对是极其宝贵的成功。我们和很多公司合作过,他们聘请我们就是为了推动增长业务,但是他们的核心业务也从中收获了不可估量的好处——创新思维、拥抱变革。当他们看到了核心业务和新业务的双重好处,就从内心深处认可了增长操作系统。

归根结底,有效的组织工作是"从新到大"能够成功的脊梁。它帮助联合创始人全身心投入,支持高管赞助人促进学习和认知迭代,也让增长委员会成员为创新负责,成为左右开弓的领导者。

所以,请先打造好这条脊梁,然后在下一章学习如何在全公司打造和固化"从新到大"的能力。

第 9 章
让增长成为固有能力

How Companies Can Create Like Entrepreneurs, Invest Like VCs, and Install a Permanent Operating System for Growth

你已经决定要走增长之路。你认同增长操作系统的模式，理解为何公司内部要有创业者和类似风投的角色，也相信公司高管能成为左右开弓的领导者。太棒了！在开始建设增长操作系统前，你需要明确一下，如何衡量成功。就是说，你希望通过建立创业引擎，在公司里达成什么样的目标？

绝大多数情况下，公司希望通过创新达成的宏观目标分成两类：

新业务增长：这里，成功被定义成公司推向市场的新业务的数量。你通过创新的、以客户为中心的产品和服务来获得增长。你要在很多不同产品上下注，达成健康的投资回报率，并有充分的证据对外宣示，公司的业务发展没有停滞。

增长能力：这里，成功的定义是创造出一整套的系统、工具和组织结构，能够持续地产出创新产品组合。你要给组织赋能，使其始终围绕客户痛点来创造新产品。你希望公司高管能左右开弓,既当好运营者,又当好创新者。你希望公司足够敏捷和灵活,既能支持"从新到大"的创造,也能实现"从大到更大"的发展。你致力于让公司拥有更多的规模化盈利业务,但你首要的目标是打造可持续的机制和文化,使增长能被不断复制。

用更直白的语言表达:你是要鱼本身,还是要学会如何钓鱼?

剧透提示:我们希望你的回答是"两者都要"。是的,你需要增长,增长应该是永恒的主要目标。但真正有价值的是你建立了能稳定持续地产生增长的机制。是的,你可以建立一个团队,孵化几十个创新想法,进入一个新市场,再在次年实验性地推出一两个新产品。可是,难道你不想建立一个机制,让公司每年都能推出一个新产品组合吗?

这是一个非常有吸引力的主张,但是这并不意味着公司里的每个人都会马上拥抱和致力于此。相对于"让我们这个产值数十亿美元的公司马上改变工作方式,从此永远改变",多数人更能接受"让我们先用一小部分人试一下这个新的工作方法吧,看看效果如何"。在很大程度上,现有的工作方式已经是为目前的业务规模精心设计和反复改进过的。

你公司的人力组织形式原本是为"从大到更大"设计的,你公司的电子商务平台、销售策略和市场营销体系都是为"从大到更大"打磨的,你公司的生产、包装和物流体系也是为"从大到更大"打造的。而且最重要的是,高管的思维和决策也遵循"从大到更大"的思路,以可预测的盈利目标为准绳。很有可能,你公司打造的一切机制都适合低风险、少变化的业务发展,而不适用于颠覆式的、开拓性的、"从新到大"的增长。

正如哈佛大学商学院教授克莱顿·克里斯坦森（Clayton Christensen）和史蒂芬·考夫曼（Stephen Kaufman）在他们的"资源、过程和优先次序（RPP）"理论框架里指出的："让某个公司在延续性业务上成功的那些能力，恰恰会给颠覆性增长的好点子造成系统性的障碍。当一个行业面临颠覆性变革时，一个组织的优点往往会成为它的弱点。"

贾德·林维尔（Jud Linville）是花旗集团信用卡事业部的前CEO，他也认同这种巨大的反差。他给力图打造增长能力的领导者们的建议是："你要明白的第一件事情就是，任何组织一开始都会抵制变化，因为原来的流程、平台和员工习惯都是固化的。所以对初期的抵制要理解、尊重，并有策略地应对。"他继续说："第二点要了解的是，在变革的起步阶段，就要尽快判断哪些控制环节会阻碍你的组织快速前进。要承认和肯定它们的存在意义，即保护公司的大规模运营稳定有序。下一步，进行非常清晰的沟通，让整个组织明白，只要建立起合理的'实验厨房'①，'从新到大'的引擎就不会威胁到这些控制环节发挥其应有的作用。"

在考虑增长能力时，我们要考虑到公司的所有内在机制都是为了维持"从大到更大"的增长，完成其增长目标。我们现在需要在有限范围内重新设计这些机制，让创新这种不一样的工作，能在公司成为可能。这其实就是在搭建林维尔所谓的"实验厨房"，它完全是为"从新到大"而打造的，它能够帮助公司的其他部门

---

① 实验厨房（test kitchen），也叫测试厨房，是食品行业评估和测试新产品的一个环节，不少公司推出新产品前都要从实验厨房的多种配方中选择测试效果最好的推向市场。——译者注

做好准备，不断把实验的成功变成更大范围的成功。这样做的目的不在于建立"实验厨房"本身，而是要让公司有能力创造持续不断的新增长。

不管目标是什么，你都需要在出发的时候就表达得非常明确。如果公司的增长委员会成员说"我要的是增长和收入"，高管赞助人说"我要的是能力和新的认知"，而推动者们（HR、财务等支撑职能线）却说"我要的是一切回到原来的样子"，那你一定会举步维艰。如果你想成功，沟通清楚目标并就目标达成共识，是必须做的第一重要的事。

一旦目标清晰，你就可以着手推出增长操作系统了，对吗？不完全对。还有一个重要的团队需要被组建起来，然后你们才能开始享受探索和实验的乐趣。

如何知道自己已经做好了准备？

假设你是一个小型爵士乐队的鼓手，你刚刚决定让乐队转向经典摇滚。你可能感到自己对这个变化有100%的把握，因为你已经研究并练习过曲目，调整了场地，你做的调研也证明，演奏经典摇滚的收入会更好。但是，如果你没有和乐队成员认真讨论过这个想法，如果他们没有尝试过这个全新的曲风，如果他们热爱爵士、惧怕变化，那么你可能要面对一场血腥而艰苦的战斗。我并不是说你最后一定无法说服他们，但你可能要花很长时间、费尽力气才能让他们认同。

同样道理，如果你是全公司唯一为内部创业/风投机制感到激动的人（或部门），你的创新努力将会事倍功半。不是说你不可能成功，而是你要花很长时间和巨大的精力来打好前进的基础。等到你终于赢得了足够多的支持时，你可能已经筋疲力尽，不能精神饱满地开拓前进了。

所以你要对个人层面和公司层面是否做好了准备，有清醒的觉察。以下是一些你可以自问的问题，看一下多少问题的回答是"没错"。

- 你已经读过《精益创业》（也许在你读本书之前）；
- 你已经尝试过一些通过实验获得认知的项目，最理想的是在当前的公司里或当前的职位上尝试过；
- 你公司至少有几位领导者公开发声，积极支持引进创新策略和工作方法；
- 你公司内部已经有一些创业性的项目，但是还缺乏系统化的机制；
- 你已经开始向公司外部寻求灵感和指导（阅读书籍、参加会议，或者邀请嘉宾来分享）；
- 你可以看到竞争对手和其他外部力量对公司业务构成的威胁，而领导层已经有了行动上的紧迫感；
- 加分项：你公司最近聘请了一个新的高管，此人是科技／创新背景（或至少来自外部，其职业成功不是来自公司内部按部就班的层层提升）。

如果你对以上问题的回答有超过一半是否定的，那么

> 你公司的创新之路将是一场苦战。但是不要失望！不要因此而断然放弃，而是聚焦于找到更多关键性的支持。如：
>
> - 下次开脱产管理会或高管例会时，你可以邀请一位外部人士（可以是资深风险投资人、连续创业者、创新领域的学者或者思想领袖）来演讲，为创新思想播下种子；
> - 参加行业会议，和在创新领域领先的公司建立联系并向它们学习（同时介绍你自己！此项工作在你有同行支持时能变得容易很多）；
> - 访问你行业里的创业公司，了解它们从概念到产品，从产品到市场，或者从功能测试到 Beta 测试的速度有多快。更好的策略是带上你的高管团队一起去，让他们感受到在发现和验证新创意方面，速度能打败规模，并把这些领悟带回公司；
> - 看看本书最后的推荐阅读部分和推荐关注部分，或许有你用得到的资源。

运营团队：路障清除者

因为增长操作系统的工作和公司常规工作很不一样，要启动并推进它注定是一项艰巨的任务。公司往往缺乏必要的基础设施来支持创业性质的工作，而存在已久的预算审批和矩阵管理等流程会让一切都变得很慢——慢得像是在冰川世纪。即使这些问题可以避免，整个部门的人依然有可能阻挡着创新的工作。

因为"从新到大"需要快速迭代，OA 团队忙于发现和实验新的业务机会，没有时间去取悦推动者或者设计基础架构。这时，你需要创立一个运营团队来充当增长操作系统的推手。运营团队的成员都是创造性的问题解决者，有能力也有兴趣创新。可能该团队主要由一两个很投入的专职领导者来操盘，不过你还是需要招募一些来自关键职能部门（如法务、市场营销、信息技术/信息安全、财务及合规部门）的拥护者。他们的支持是增长操作系统引擎的润滑油。他们的任务是预估哪些人或事会阻挡创新工作，然后来应对这些问题。

运营团队也应该配备一位 C 字头的高管赞助人。此人能全心投入，消除任何阻挡增长的路障。这个角色是真正的沟通高手，他在公司工作了多年，左右逢源，知道如何让事情顺利进行。此人最终会负责提交新业务增长的成绩单，成为对"从新到大"各方面精通的专家。

> 运营团队要对付方方面面的问题：从说服高管支持 OA 团队的人员配置，到实验遇到困难时提出解决办法，等等。例如，很多 OA 团队都选择用模拟网站的方式来测试解决方案，这些网站的目的是收集客户行为和偏好信息，可能涉及一些麻烦的法律方面的问题。任何收集电子邮箱信息的网站都需要依法在隐私政策部分披露其信息收集的行为。在美国加州，如果涉及用户的 IP 地址（比如，我们经常使用的调研工具 SurveyMonkey 就收集 IP 地址）或者要对用户的个人信息进行分析，那么网站需要在隐私政策部分额外披露其跟踪客户信息的行为。运营团队一般会配备一个来自法务部门的成员，他

> 可以快速起草标准的隐私条款，使条款既支持实验的需要，又符合公司的合规要求。

重点是，运营团队的负责人和高管赞助人必须在 OA 实验开始前就位，不要等遇到第一个挫折后才匆忙组建。那些创新成员要从探索到验证一路前行，他们从第一天起就需要得到积极的支持。公司要积极主动，提前组建好这个路障清除队伍。

建立运营团队真的有必要吗？难道 OA 团队和高管赞助人不能自己应对各种问题和障碍吗？答案很简单：他们不能。不要让联合创始人自己去应对各种干扰。如果他们需要不停地去协调支持部门的许可，他们就会深陷其中，干不了正事，真正的实验和认

增长委员会"批准和资助"：CEO　CMO　CFO　COO　CTO　研发　BU 总　外部投资合伙人

OA1 高管赞助人"桥接 & 看护"　　OA2 高管赞助人"桥接 & 看护"

OA1 团队：商业化　技术　洞察

联合创始人"研磨 & 魔法"

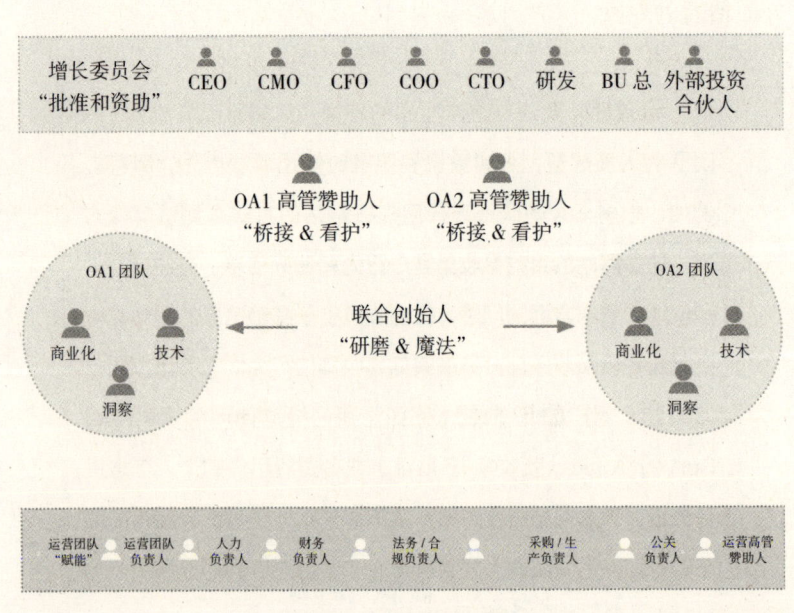

OA2 团队：商业化　技术　洞察

运营团队"赋能"　运营团队负责人　人力负责人　财务负责人　法务/合规负责人　采购/生产负责人　公关负责人　运营高管赞助人

图 9-1　加入运营团队

知迭代就会被耽搁、停滞。运营团队存在的理由,就是要让 OA 团队可以快速而低成本地完成其工作,不用被组织的内耗所拖累。

如图 9-1 所示,位于底部的运营团队起到了促进 OA 团队成功的作用。

所以,在你讨论组建 OA 团队和招募联合创始人之前,就要组建一支清理路障的团队,他们将为创新铺路,加速其进程。

> **运营团队成员特质**
>
> **创新精神:** 不害怕挑战陈规旧则,质疑原有假设,通过多角度来看问题,产生新创意。
>
> **连接器:** 花时间来总结过去的经验、认知和规律。聚焦消化好这些信息,同时深入理解创新项目要解决的客户问题、解决问题的可能途径和新的商业模式。
>
> **催化剂:** 为了帮团队找到和验证新的增长机会,勇于质疑和挑战现状。
>
> **引路灯:** 不但能在一个不断迭代的非结构化环境里工作,还能在全过程里随时准备好支持团队成员。
>
> **愚公移山精神:** 随时准备清除创新障碍,哪怕组织里缺乏明确的流程。支持团队成员达成目标。
>
> **传教士精神:** 身体力行地彰显增长操作系统的思维方式,和公司各层级有效沟通,无所不用其极。

现在,时机成熟了,你已经做好准备了。增长委员会和运营团队的人员都到位了,OA 团队的联合创始人也都跃跃欲试。下面我们讲讲第一阶段的新工作是如何进行的。

第一阶段：搞一个试点项目

初始阶段我们能给你的最重要的建议是：步子要小。有可能你刚起步就会遇到很多内部的阻碍，步子小一些，是你唯一的选择。即使整个公司都对你的创新工作充满热情，你也要聪明一点儿、现实一点儿，不要一口气启动好几个团队扑在 OA 项目上，不要一下子就铺开一个两年计划，也不要过早地把大家都弄进各种增长操作系统工作里来。给试点项目 9 个月左右的时间，保持聚焦，不要想太多。

第一阶段的工作目标就是让每个人各就各位，找到感觉。适应新角色、从事新工作并不容易，你需要让第一批积极加入"从新到大"项目的人感到舒服、融入工作、提起速度来，然后才能考虑让工作流程进入下一个环节。构建一个小型的、自成一体的"试点沙盒"，专注于让参与其中的每个人都感到自己能在新环境里把事情做好。

要建好这个沙盒，你需要考虑地势地形。这个沙盒应该建在哪里？谁来帮助建造它？你手头有多少资源来支持它？总而言之，创立"从新到大"试点项目的起始几步，要聚焦于诊断和布局。

试点项目的细节

时间框架：6～12个月

能力建设的优先事项：诊断和布局

对试点目标达成共识：要保证领导层能明确定义怎么样算成功。

组建运营团队：找到你的路障清除者和行动迅速的"忍者"。

引进增长思维方式和增长操作系统的框架：你需要让每个为项目工作的人都采用同一套思维和工作模式。

试点人才和资金模式：记住，从足够好的（虽然并不理想）、容易的事情做起！

找到内部的长处和短处：明确自己有什么优势，还缺少什么。

增长的优先事项：发现和组建 OA 团队

增长委员会（公司层面）：从一个顶层高管开始，由 CEO 直接负责。

运营团队（公司层面）：该团队将成为"从新到大"的内部专家。

OA（1～2个）：试点阶段只需要从 1～2 个 OA 开始，以后再扩充。

OA 团队（2～3个）：少一点试点团队，这样做可以避免由于一两个联合创始人的不胜任导致的整个试点的翻车（你可以给每个 OA 配备两三个团队）。

> 专注于界定投资组合的目标和指标:你打算配备几个试点项目?这些项目应该按什么时间线来推进?

◆ **诊断你的起点**

要推出新业务,你需要有能力孵化出小规模的创新实体。就是说,你需要先做好"从新到大",然后再把它们从大做到更大。你可能已经有一些资源和能力来实施创新。但不要孤注一掷,也不要真的从零开始。你最好尽量利用公司现有的人才、资源和网络,盘点哪些机制、人员、基础设施能够用在增长操作系统上。例如,可能已经有现成的原型设计能力,或者已经有一些设计师和开发者,可以用来组建一个实验项目团队;或者,你已经有了一两个具备前瞻思维的律师,乐于快速理顺新产品和服务的市场前期测试流程;你还需要明确现有能力的短板在何处,并绘出补齐短板的路线图。

在内部盘点的基础上,你还要整理一个资源清单,看看外部的人员和组织能否给你提供高见和帮助。例如,公司高管层的人际关系网络里的创业者、同行业的初创公司、与公司有合作关系的学术研究伙伴,甚至是附近的天使投资人。一开始你可能不太明确自己需要何种支持,所以你最好多贮备知识、盟友和专家,多多益善。这些人和运营团队都是重要的路障清除者,还能为OA团队和增长委员会提供宝贵的外部指导。

◆ **没有秘密,也没有神圣可言**

"从新到大"项目的成员都沉浸在各自的沙盒里。公司的很多规则对他们不适用，他们用不一样的标准来考核绩效，他们的工作性质也和其他人的工作截然不同。他们是特殊的、不一样的、被区别对待的……因此对多数推动者来说，他们的工作既迷人又是一种威胁。这个圈子外的人，要么想要加入，要么至少想了解圈内的详情。如果你不告诉他们，他们就可能会恐慌、抱怨和抗拒。

正如我们在第8章说到的，重要的是每个相关人员都知道创新团队在干什么。植入增长操作系统说到底是一个涉及公司各个层级、各个业务单元的过程，会直接或者间接地影响到整个公司的运行。如果无法做到快速、清晰、充满同理心地回应公司内部的迫切疑问，就会滋生问题，产生更多的焦虑和障碍，更加浪费时间。此外，如果对待试点项目的人就像对待摇滚明星，而对待其他圈外的人就像奴工一样，也会导致摩擦和不信任。

从我们的经验来看，对增长能力建设破坏最大的两个因素是目标不一致和彼此不理解。当涉及"从新到大"项目的不同团队对目的和目标理解不一时，肯定会出现大量的纷争、摩擦和糟糕的结果。

避免这类灾难的最好办法就是有策略的沟通。不要神秘兮兮，不要精英腔调，不要吹牛。创造一种有效的沟通策略非常重要，它能带来大家的认同，达成内部共识，书写能在公司内外广为传播的增长故事。而这个沟通策略的一个重要部分就是做好项目的品牌。

为何要做好品牌？因为这能给每个参与者一套共同的话语体系来讨论事情的进展，提出切中要害的问题，理解他们收到的项目信息。一旦项目有了品牌，就不会被当作玩具来对待。它就成为一个真正的增长项目，人们更容易尊重它。所以，给它起一个容易记住的品牌名——该名字要能反映公司的特质和使命，赋予它应有的庄严感。

◆ 当下做好记录，以便日后传教

假设试点项目成功了，你将把"从新到大"的工作扩展一步，超越你的初始团队和 OA，让其成为公司层面的增长操作系统，涉及公司的每个业务单元。所以，除非你想在每个新团队加入时都从头来过，你需要做好试点过程的记录工作，从中分析可复用的经验和心得。

是的，每个人都会经历变革造成的不适应，这是绕不过去的。在试点期间，他们将尝试、失败、学习、重组、转向、用新方法修补问题。运营团队的目标不仅是找到并利用好新的、可行的业务机会，还应该做好全新流程的小白鼠。他们是公司新方法论的第一批实践者，他们发现其中的欠缺，并尽力解决这些问题。

这些先行团队应该能指导下一波团队如何把"从新到大"的工作和公司的现有程序、资源、目标和人员结合起来。如果先行团队没有记录好哪些可行、哪些不可行、哪些甚至没有尝试过，后续团队在行动时就会遇到不必要的严重挫折。

做创新工作本身很有趣，做好记录和复盘等事情则比较枯燥。这两件事情，如果你只做前者而忽略后者，那么你的成功就是一次性的，缺乏可复制性。

◆ 欲速则不达

做好记录还有其他的益处，它可以迫使所有参与工作的人都仔细周密地工作，步步为营，而不是带着侥幸心理冲刺求胜。在试点阶段，最好能深思熟虑、稳步前进。这是长距离越野跑，而不是 50 米冲刺赛。选好 OA，花几个月的时间来验证，开两三次增长委员会会议，但不要把更多工作挤在这段时间里。试点的项目如同儿童学习骑车时的稳定轮，是辅助你学习的，其全部的目的就是帮你建立信心，学会新机制，让每个学车的人适应骑车。因为每个参与者学习的步调是不一致的，帮助他们适应的过程应该是一个仔细规划的渐进过程。虽然我们最终想要培养出团队快速判断和快速学习的能力，但一开始走慢一点，对今后的加速更为有利。

一开始控制好工作节奏还有一个好处，那就是便于灵活制订策略、调整、转向。你可能发现本书提到的一些流程和建议与你公司的齿轮咬合不佳，如果真的如此，我们建议你找到变通的方案。

例如，也许你已经在研究客户现有问题时做过一些探索性工作，希望用增长操作系统来在现有项目上尝试新思路。那么，你可以先叫停一个进展中的项目，用 OA 的思路重新规划。你可以用客户痛点的视角重新审视它，问自己："客户到底需要什么？我们的新产品或服务如何回应这些需求？"把原有项目重新定位成一个 OA，你就给了团队探索新的潜在解决方案的可能性。

如果一心想快速通过这最初几步，你可能会错失重要的认知学习机会，你给团队留出的探索和调整时间会过于短暂和痛苦。所以，你应当放慢速度，为以后的加速找到更充分的证据，降低总体学习成本。要遵循增长操作系统的方法论，允许团队通过"小孔"探窥那些从没被提过的解决方案。

第二阶段：扩展到其他业务单元

一旦初始团队适应了新战场，取得了实际的探索成果，而且能自如地胜任新角色、指导他人，那么进一步在公司传播"从新到大"方法的时机已经来临。如果你致力于培育公司的增长能力，那么下一阶段特别重要，因为它会把这些新的知识和能力传播到更大的群体。即使你纯粹以新业务成果为主要目标，这一阶段也有其价值。一两个 OA 团队能探索的东西毕竟有限。如果你希望能在更多创新项目上下赌注，那么你需要更多的创新团队。

你要基于在试点阶段获得的成功经验，决定应该复制哪些东西、舍弃哪些东西，然后开始研究如何扩展这些成功实践，哪些业务单元最有希望成为"从新到大"的龙头。

> **扩展阶段的细节**
>
> 时间框架：12 ~ 18 个月
>
> **能力建设的优先事项：实验和学习**
>
> 梳理操作系统框架：运营团队对试点项目的记录需要被梳理和编码，成为一套框架，以指导组织内部的人做好增长操作系统的工作。
>
> 建立验证的方法、系统和培训体系：联合创始人使用的方法和工具也要被编码打包，以便培训和复制到下一波联合创始人。
>
> 扩展到新业务单元、新地区分支：当新业务单元、新地区分支设立了 OA 项目后，运营团队需要扩展自己的资源和流程来支持他们（例如，在欧洲进行实验的团队要从法务团队得到支持，以应对不同地区的隐私规定）。

启动人力资源"实验室"：试点项目里 HR 团队用过的那些"足够好"的权宜之计，需要转变为更加正式的人才实验机制和管理体系。

沟通项目：现在是时候在公司内部进行更大范围的沟通，分享增长操作系统的工作了。

增长的优先事项：健康的投资组合

增长委员会（公司层＋新业务单元层的增长委员会）：现在公司的第一个增长委员会运转良好，应该在你选择进入的那些业务单元里也增设增长委员会。

运营团队（公司层＋新业务单元层的运营支持）：让公司的运营团队来指导业务单元层的运营团队。

OA（每个业务单元设立 2～5 个）：正如在试点阶段一样，在新的业务单元里先从 1～2 个 OA 起步，再随着时间推移不断增加。

每个 OA 的产品投资组合（内生的及非内生的）：每个 OA 应该在种子阶段部署几个有希望的解决方案，同时关注非内生的投资机会（初创企业投资、战略合作、并购）。

不断侦察，为 OA 护航：市场监测不是一锤子买卖，联合创始人要始终关注同一领域的初创企业动向、投资流向、技术进展，还有监管变化。这些都会影响 OA 的成形进程，或者导致 OA 需要转向。

◆ 认真控制推广节奏

假设你已经对创新项目进行了品牌化包装，并对整个公司热情介绍了项目的进展和成绩，可能已经有好几个业务单元（BU）都渴望开始采用增长操作系统的方法论推动创新。这种渴望的态度当然很好，也是你希望第二阶段的参与人都能具备的心态，但单单有渴望还不够。

理想的合作业务单元既具备增长潜力，又具备业务稳定性。其现有业务应该运行良好，而不是勉强完成收入目标，这样，该部门才有足够的资金和富余空间去探索新东西。其团队要具备一定的技能、知识和前瞻意识，能让"从新到大"的尝试成功。具备前瞻思维的员工、具备增长思维方式的领导层及灵活的基础设施，都是必须具备的要素。热情是必要的，但是进行尝试的能力也要具备。你必须有策略地选择第二阶段的合作业务单元。

接下来，你要在每个合作业务单元都创立并运行一个与第一阶段类似的试点项目。如果你已经有7个业务单元都准备好了，跃跃欲试，不要让他们同时作为试点，而要分批次启动。可以考虑每6个月推出两个新业务单元的项目，让推广工作在你的可控范围内。特别是初始创新团队要承担教会其他同事适应新角色的重任。如果进入第二阶段的团队有足够多的时间来掌握怎么做试点项目，他们就可以开始教下一批团队成员了，来自第一阶段团队的那些指导人员就可以脱身了。这就是塑造增长能力的真实模样——让越来越多的学习成果在组织内部被越来越多的人分享。这个做法可以让公司的增长引擎开动并一直运转下去，不断开发出新的业务机会。

◆ **通过非内生增长实现多元化的增长方式**

这两章我们都没有提及公司的创业投资组合，对吧？现在应该重提一下这个重要概念了。第二阶段是探索新途径的最佳时机，包括用投资、合作和并购相关企业的方式确保你对每一个 OA 组合下的注都足够多元化。

我们没有不断提醒你关注公司以外的 OA 相关的投资机会，原因是你必须先要打造好内生式增长。搭建好增长委员会，掌握探索和验证的流程，看清楚 OA 所在领域的生态，启动一两个公司自身的解决方案，然后你才能考虑收购竞争对手。如果不这样做，你与标的创业公司的合作很可能会导致对方被"从大到更大"的体系压垮。你的投资会代价昂贵，并购的最好结果是收益被稀释，最糟糕的情况则会是一场灾难。总之，内生增长第一，非内生增长第二。

一旦你有了内生增长组合，也有了基于验证的对竞争空间的理解，你就应该考虑外部的并购和投资机会。投资哪家创业企业可以让你拓展投资组合？有哪些公司在打造你的 OA 领域的可靠解决方案，值得你买下来？你该如何与这样的创业公司结伴，一起快速、低成本地学习？在第二阶段，你可以用非内生的手段来补充你的内生创新团队。

第三阶段：让增长操作系统规模化

一旦在几个业务单元里成功复制了增长操作系统并取得了可见的成效，把它推广到公司其他部门的时机就成熟了。那会是什么样子？我们会总结出几条规律分享给大家，但总体而言，这个阶段的情况会因公司而异，因为每家公司在前两个阶段都会根据自己的特点对增长操作系统进行配置和改造。

> **规模化阶段的细节**
>
> 　　时间框架：18～24个月
>
> **能力建设目标：推向全公司**
>
> 　　在全公司推行增长操作系统思维和方法：在全公司推广"从新到大"工作法的机会来了，你要让所有团队都能理解并重视增长操作系统的真谛，并且把这些增长工具适时应用到他们的实际工作中。
>
> 　　培养一支教练团队：在第一阶段和第二阶段表现最好的联合创始人有机会成为教练，给新进入增长操作系统工作的联合创始人提供建议。
>
> 　　梳理认知、编制增长操作系统的工作手册：把"从新到大"的心得、系统、流程进行梳理和编码，让其成为创新扩展时其他团队可以依赖的神器。
>
> 　　让人才体系发展成熟（汇报、激励、评估和提升）：你的"从新到大"人力资源系统已经从"足够好"的阶段毕业，进入了可复制、可持续、可规模化的成熟阶段。
>
> **增长目标：推出新业务**
>
> 　　增长委员会（公司层＋全公司各个业务单元层的增长委员

> 会）：每个业务单元都有其增长委员会，全公司都理解委员会是给新机会提供资金的机制。
>
> 运营团队（公司层＋业务单元层运营支持）：每个业务单元都有自己的运营团队，支持部门内部的创新，他们和公司各运营团队之间分享最佳实践和知识。
>
> 每个 OA 都有强大的产品组合（内生的及非内生的）：OA 的产品组合比较健康，增长委员会拥有一个强健的创新项目管道，这个管道可以源源不断地输出增长。
>
> 推出 4～6 项新业务：此时增长操作系统应该迎来几个已经从 Beta 阶段"毕业"的业务，具体数量因新模式的推广规模和速度而异。
>
> 创立孵化器（系统、治理方法、人才等）：到了第三阶段，"实验沙盒"应该被正式视为一个有系统、治理方法和人才管道的孵化器。这个孵化器可以把种子阶段经过验证的项目变成新业务。

◆ **案例研究：** 花旗集团的 D10X 项目

规模化是高度个性化的过程，因公司所处的行业和市场定位不同而不同。可是如果缺少具体细节，大家可能无法想象规模化创新是什么样的，让我们看一看花旗集团是如何让增长操作系统成功地规模化的。从试点阶段到培育阶段，再到把持续增长能力植入整个公司，该公司的确出色完成了全过程。

花旗集团长期以来致力于基于客户的需求，从外部引进创新。

在 2010 年，公司的第一个首席创新官黛碧·霍普金斯创立了花旗创业创投。她说："花旗 200 多年的发展史中，一直用专业服务个人客户、公司客户和政府。从一开始我们就意识到，要促进业务增长，我们需要用与客户高度相关的新方法重新体现我们的专业性。问题在于，该如何操作？"

霍普金斯的工作地点是硅谷。她建立了一支团队，网罗了不同背景的创新人才和风投人才，包括来自苹果、eBay、惠普、塔吉特（Target）等知名企业及风投公司的人才。这个投资机构给了花旗集团一个近场观察和感受当下颠覆式创新的机会，就好像拳击比赛时坐在拳击台边上的位置，可以看到创业者们是如何建立新的商业模式、推出新产品的。"尽管我们有了很多行动，也有了很好的创新型人才，但是我们还是缺少一样东西——没有产生影响力的创新终归还是不算数。要想在一家巨大的公司里产生影响力，就需要一套能在全公司分享的方法论。我们缺少的就是一个横向的平台，能让全公司采用共同的方式进行创新，并把创新推向市场。"

霍普金斯在 2014 年由投资人本·霍洛维茨主持的一场活动中遇到了贝丝·康斯托克。贝丝在了解了霍普金斯的困惑后，提出："你应该见一见大卫·基德。"几天后，霍普金斯给我打了个电话。当时我正在旧金山机场等出租车，打算去市区开几天会。电话一接通，她就说："嗨，我需要见见你！"我坐上出租车，改变了路线，去门罗公园的舰队街咖啡馆和她吃晚饭。在吃饭的过程中，我们一起在餐巾纸上勾画了增长操作系统的几个元素，还讨论了如何根据花旗的需求来调整增长操作系统。霍普金斯回忆说，这一刻就是她的惊喜瞬间，因为她意识到增长委员会是个好方法，能让业务单元成为创新的主人翁，并从全公司共享的增长操作系统中获益。

成熟公司内部要想持续创新，必须要有一套共同的工作方法——这点领悟最终催生了 D10X 项目。该项目由花旗创业投资负责管理，其基础是增长操作系统方法论，项目名称则来自其专注于为客户发现比以前好 10 倍的解决方案的目标。（就是这样！）这个增长模式让花旗可以拥抱来自公司内外的创新，创造足以支持员工尝试新想法的组织结构和安全感。

从一开始，负责 D10X 项目的团队就发现，他们遇到的问题远远多于答案。这很正常。可是他们不怕，他们全心投入，在第一年就成立了 6 个增长委员会，然后开始教员工打磨、测试、呈现新想法。他们知道，随着时间流逝，必须对这个项目做出大的调整——时至今日，他们依然在改进，但是在最初的一年到一年半里，很多工作还是让人感到不踏实。

2016 年，霍普金斯退休了，瓦妮莎·科莱拉（Vanessa Colella）被任命为首席创新官和花旗创业投资的负责人。科莱拉认为："在保持花旗这么大规模的业务运营的同时还能持续开创新业务，这本身就是巨大的挑战。在基础工作方面，大卫和 Bionic 团队非常出色地帮助我们完成了框架设置。"她解释说："其中相当大一部分工作是思维方式的改变，从原来管理规模化业务的思维方式，转变为探索全新想法时所需要的、不一样的思维取向。这个转型对花旗创业投资来说极其有价值，对我们银行的所有同事和领导层也很有价值。"

她还指出，在绝大多数情况下，像花旗这样规模的大公司，经常会延迟新产品的推出节奏，因为要做周密的长期规划，对资源需求心中有数，估计好需要给项目多少时间。

"我们对内部创业项目没有采用增长操作系统的方式，这意味着我们初期犯了很多错误。"她承认，"但是我们也学到了很多。我们与业务线的同事们极其紧密地合作，让D10X项目对他们的努力产生价值。"

D10X项目团队如何应对早期的挫折和失败？是直截了当的诚实。他们得到了犯错误的空间，因为从项目第一天开始，他们就对自己要达成的目标保持开放的态度。他们在事情进展不顺时也以开放的心态聆听反馈，并在需要调整时及时转向。

那么D10X项目团队是如何成为与花旗公司的核心业务并肩运转、时刻在线的增长引擎的呢？是时间、尝试、还有错误，构成了这个转变。在他们运行项目、辅导员工、培育新想法的同时，公司在积极收集尽可能全面的数据和洞察，总结哪些可行、哪些不可行，以便推进系统性的创新工作。从一开始，花旗就详细记录和分析了D10X项目团队的工作，以便理解如何扩展试点中的创新方法、让它能规模化。

培养一群经验丰富的创业教练也助推了规模化创新的成功。

科莱拉说："我们现在已经聘用了20多位有创业经验的人担任花旗创业投资团队和项目联合创始人的教练。他们带来了经过残酷考验的实战经验，他们了解该如何向风险投资人呈现项目，如何融资，了解做成一个新产品需要多么乐观、激情和谦卑。"

这些教练帮助D10X项目团队改善、验证、测试他们的想法，同时辅导他们持续培养由外及内的行为习惯。他们向花旗员工们展示了如何保持对创新项目的极度热情，同时保持超常的同理心，倾听来自市场的声音。作为过来人，他们了解学会这种创新模式本身就困难重重，他们帮助 D10X 项目团队成员平衡了脑子中不断打架的那些冲突。

最后，花旗能让创新规模化，得益于其致力于塑造金融业的未来，并一贯支持任何能改善花旗的客户服务能力的努力。公司能吸引到各种人才、领导层和资源，就是因为上上下下都持有这样的态度和观念。

公司的领导层很快指出，D10X 项目离不开花旗特有的企业文化，对花旗有效的策略，换一家公司未必能成功。但科莱拉也认为，在规模化创新方面，强调主人翁精神和自主权帮助花旗扩展了增长能力，这种思维方式的变化也可以让其他公司受益。她强调，有两点很重要：共同负责的团队精神和信任团队成员们去实验、去执行。

她说："像花旗这样的公司，创新的关键是让员工们都能去创新。这就好比你的孩子要去上大学了，你希望已经尽自己所能帮孩子做好了准备，但是你真正要做的是放手。这就是我对 D10X 项目的态度。我们不是要规模化一个集中管控的项目，而是要让这种解决问题的方式在全公司规模化。我们从一开始就是如此规划和设计的。"

花旗并不是要通过 D10X 项目来取代已有的业务体系。公司采用了"创业 + 风投"的模式来管理"从新到大"的增长，但绝不是要以此取代"从大到更大"的操作系统，这一点从根本上保证了其增长模式既是可持续的，又是可规模化的。

◆ D10X 项目孵化的一个创业案例

D10X 项目孵化了不少创业项目，其中尤其出色的一个是

Proxymity。它是由两个花旗员工迪恩·利特尔（Dean Little）和乔纳森·斯莫利（Jonathan Smalley）创建的。他们创新的初衷是发现股东表决权代理（proxy voting）的过程极其烦琐和老套。

> 让我们简单普及一下股东表决权代理是什么。如果你拥有一种股票，那么每年你至少会收到一个大得有些吓人的邮包，里面的文件内容是你投资的公司希望股东投票的事情及所有选项。你作为一名股东，要在里面的纸制选票上勾画选项，并把它邮寄回去。这些文件总是无一例外的错综复杂、难以理解，能让最见多识广的股东都无可奈何。很多人拿到文件后搞不懂该选择什么选项，甚至连要投票的事项是什么也搞不明白。经验丰富的机构投资者通常会雇用第三方的投票顾问来帮他们理解决策事项是什么、如何投票才能符合自己的价值和利益。如果你投了票，那你的选票也要经手几个协调机构才能最终到达你投资的公司那里。这个过程费事费时，容易出错，而且还极为昂贵。

花旗集团的机构投资者需要代表客户处理几百、几千甚至几万次投票，这是一个极其沉重的负担。但个人投资者也需要表达他们的主张，特别是在当今提倡公司透明度的背景下，投资者更希望表达自己对所投企业在环保、社会问题和公司治理方面的意见。

D10X项目团队希望优化这些流程，并把实时的精确性引进股东表决权代理这个公司治理的重要机制。于是他们开发了一个叫作Proxymity的在线平台，为公司和投资者提供更直接的联系。这个工具能让投资者观看数字会议议程且在线投票，这就让公司更加清晰地掌握了股东们对公司议题的观点，整个流程都会被验证，会后即能生成投票决议。

发现股东表决权代理这个令人困惑而低效的客户痛点（发现过程），通过实验打造一个完全不同的解决方案（验证过程），D10X 项目团队在 2017 年开发并推出了 Proxymity。2018 年，仅仅在英国，这个创业项目就为 200 个以上股东表决会提供了支持。

而 Proxymity 只是花旗集团各主要业务部门中近百个活跃的创业项目中的一个而已。D10X 项目团队将在未来推出更多创新业务。新业务的数量当然是重要的成功标志，但公司也密切关注着内部的参与度和热情，因为这也是重要的进展标志。

科莱拉表示她是这样监控公司的创新状态的："我们有多少内部联合创始人在第一个项目失败后还能东山再起？有多少团队愿意了解 D10X 项目的情况，以便能有机会参与其中？从领导层到以某种方式参与了创新项目的普通新员工，我们希望根据真实信号判断，公司里的每个人有多少主动参与创新的意愿和热情。"

公司鼓励 D10X 项目成员拥抱建设性失败，不仅汇报自己从成功中的收获，还要汇报自己从失败中的所得。公司也鼓励他们牢记，所有的成功都来自全公司的巨大勇气和顽强努力。

科莱拉说："这是一种工作方式、一种思维模式，需要对你所打造的东西有长远的视角。"

任何说规模化创新很容易的人都是在撒谎。正如这个案例所揭示的，把增长操作系统式建设成持久的增长能力，需要时间、实验和努力，还需要在不断碰壁后从头再来。但是这个案例也说明，设计好一个适合你公司的路径来让创新规模化，能够创造出一个"从新到大"的内部引擎，让公司每年都能拥有多个产生新收入的创新业务。

NEW TO BIG

第 10 章
转入进攻模式

How Companies Can Create Like Entrepreneurs, Invest Like VCs, and Install a Permanent Operating System for Growth

要预测"从新到大"机制在一个成熟企业里能否成功,最关键的要素是看其 CEO 的思维方式,这是一切变革的根本,这是创始人们从无数的创业项目中、从启动到做大的不懈努力中学到的。我们之前没有意识到,在《财富》500 强级别的企业里,增长型领导者——一个能持续可靠地交付"从新到大"的业务并带来新增业务收入的人,是多么稀有,直到我们有了大量的亲身经历。如果我们说自己感到很震惊,这还是个客气的说法。

说得更直白一点,如果 CEO 及其领导层不直接负责并推动"从新到大"机制,增长根本就不会发生。这就是结论。不少成熟企业并不是在财务、创意或人才方面出了问题,而是在领导力上出了问题——领导层严重缺乏动力和能力,去把发现和创造增长打造成可靠的组织能力。

过去 20 年,杰夫·贝索斯在给亚马逊股东的年度公开信上不断强调"第一天"(Day One)心态的重要性,始终警惕和防备公司成为"第二天"(Day Two)类型的组织。为什么?因为他作为创始人,深深了解保持创业精神和思维对整个公司(从他开始)是多么关键。他始终害怕自满情绪,害怕失去速度和勇气,害怕随着公司变大而失去冒险的冲劲——正是这种警觉,使他的公司更像一个大规模的创业企业,而不是步履蹒跚的成熟公司(华尔街也因此给予了其丰厚的回报)。

在"第一天",那种饥渴、激情、快速适应和全力以赴达到了极致,因为若非如此,一家创业公司就无法存活下来。如果你失去了那种核心能量,你就失去了增长能力。到了"第二天",你就遇到了停滞和漠不关心。到了"第三天",你已经踏上了漫长而痛苦的下坡路。很多时候,CEO的最大挑战是如何恢复"第一天"的增长文化。

这就带来了严肃的问题:你努力的目的是赢,还是仅仅不要输?两者的差别是什么?我们得说:差别很大。

在我最欣赏的团队领导力书籍之一《输赢心理学》(*Top Dog*)里,作者波·布朗森(Po Bronson)和阿什利·梅里曼(Ashley Merryman)提到了一项研究:在2008年,基尔·乔德(Geir Jordet)和埃丝特·哈特曼(Esther Hartman)发表了一项关于点球决胜时职业足球运动员在压力下的表现的研究成果。两位研究者统计了职业足球运动员在点球决胜时最后一球的成功率,将其分为两种场景:一种是球队落后一球(如果罚球不进,球队就输球),另一种是双方球队打平(如果罚球进球,球队就赢球)。

乔德和哈特曼发现,在落后情况下(踢不进,球队就输球),职业足球运动员的平均进球率是62%;但是在第二种情况下(踢进,球队就赢球),罚球者有92%的成功率。同样的罚球,同样的条件,同样的距离,唯一的差别就在于运动员的心态。

假如努力的目标是赢球，这意味着要调集所有的潜能投入竞争，即使机会不大。假如努力的目标是不要输，就会加强一种看重效率、回避风险的文化，这种心态下，人们压倒性的动机是逃避或模糊失败的后果。

我们遇到的绝大部分公司都在努力不要输，这种心态导致"创新"成为一个空洞的漂亮口号（我们在Bionic一般不太用"创新"这个字眼，因为这个字眼往往伤脑，带来思想包袱和不信任感）。即使某一个"创新"团队得到指令，要去开辟新机会，找到新解决方案、新技术或者新商业模式，他们得到的授权和尝试空间也是狭窄的：除非有十足把握获胜，否则不要冒险；好好分析研究数据，做一个20年预测，以便达成共识；没有产出也意味着没有失败，不是吗？

增长和不输（也就是维持现有业务）完全不同。增长是刻不容缓的，增长必须面对商业真相，增长与那些无形的审批或限制格格不入。增长要么存在于你的企业文化里，要么不存在。如果你足够诚实，你敢说你努力的目标是赢，而不仅仅是不输吗？

所有我们合作过的CEO和团队成员都经历过和你一样复杂多变的局面。他们知道，变化的速度只会越来越快，他们也知道，他们无法选择退出。到目前为止，我们希望你已经看清楚不植入并驱动一个持久性的增长引擎的代价——"第三天"的、漫长而痛苦的下坡路。

好消息是，你不一定要在具备预测未来的能力后才能赢得增长，你只需要支持你的团队走出去，发现增长点。所以，你不要让创新团队去追逐眼下的科技风口，相反，应该把资源投入发现和解决真正的客户问题上，再撒下一些创新项目的种子，以更好地满足这些客户需求。不要让你的战略投资团队去硅谷追着创业项目跑，然后投一些不重要的"战略性学习"项目，应该把你的风投团队整合到"从新到大"引擎里，这样他们可以投资那些真正战略性项目，推动 OA 投资组合的进展。不要害怕与你狭路相逢的创业项目，而要转入进攻模式，以他们的方式打败他们。在创业模式上，没有垄断可言，成熟企业也能干好。

《财富》500 强公司实质上把其增长和创新外包给了硅谷，所以创业公司在颠覆式创新的第一轮比赛中胜出了。我们相信，成熟公司可以赢得第二轮。为什么？因为成熟公司在增长方面拥有很多众所周知的优势：忠实的客户、庞大的分销渠道和生产能力、规模化的体系，以及创业公司和风投家梦寐以求的品牌资产。成熟公司可以加速客户采用曲线（customer adoption curve），创业公司则极难做到这一点。成熟公司处于有利地位，不但可以看到未来、迎接未来，还可以让未来提前到来。

创业公司的创始人如今广受关注，其中少数成功者（如亚马逊的贝索斯、Spanx 的萨拉·布莱克利、特斯拉和 SpaceX 的马斯克等人）戏剧化的故事、极具个性色彩的愿景，给媒体提供了绝好的素材。大众很容易用混合着怀疑和敬畏的眼光来看待这些创始人（也许还带有一点儿抵触和嫉妒），认为他们的成功另有规则、无法复制。大型成熟企业的领导者并不是创始人。这是事实。

但是，你也可以成为一名重新创业者。

重新创业者是这样的领导者：虽然不是白手起家、从零开始创业，但他们拥有"第一天"的心态和创始人的思维及行为模式。正如我们在第 2 章里所说的，微软的萨提亚·纳德拉就是重新创业者的杰出例子。在 2014 年接棒担任 CEO 后，他马上开始让整个公司重新努力聚焦于增长。

他说:"如果你不投身于新业务,你就无法生存。"

牢牢秉持这个理念,纳德拉让公司挑战自我,超越原有的成功产品,开始投资人工智能和在线服务软件等新技术。通过推出 Azure,他把微软的定位变成了云计算巨头;通过买下领英(LinkedIn),他把微软的服务嵌入该公司的社交图谱。接着他并购了 GitHub,借此和开发者社区重新建立了深层关系,而不是仅仅当一个开发者社区的深度消费者。

通过以上这一切,纳德拉强调了增长思维方式的重要性——长线思维,边试边学,痴迷于客户问题、需求和创新的结果。他还在公司提倡允许失败、从失败中学习的风气,其中最出名的例子是 Windows Phone(微软开发的手机操作系统)。"如果你要建立一种勇于承担风险的文化,你就不能对每个失败大惊小怪。你必须把失败当作一种学习机会。"他在 2017 年接受《商业内幕》采访时这样说。

市场对他的大胆创新和远见卓识给予了高度评价:在多年的股价停滞后,微软重新回到市值最高公司榜单的前五名。市场给了微软增长型企业的溢价估值。

向纳德拉学习并不像看上去的那么难。增长操作系统可以给成熟公司装上"从新到大"引擎。本书就是你的操作手册,可以帮助你在"从大到更大"的体系中配置和安装好这套操作系统。这两套系统可以并肩运作,给你带来澎湃的动力,助你发现并验证创新想法,让你用创业公司的速度和成本把验证后的点子变成企业级的规模化业务。

安装增长操作系统是你激活未来的第一大步。你会点燃公司的增长思维文化,让整个公司升级换代,进入一种追求多产的持续增长状态。你会向同行、股东、雇员和竞争者们展示,你是一位左右开弓的领导者——既有能力运营,也有能力创新;既能做好"从大到更大",也能赢得"从新到大"。

过去是以大胜小的时代,现在是以快胜大的时代。幸运的是,你已经准备好了。你不必再羡慕硅谷,你要跃跃欲试,实现角色逆转,让硅谷来羡慕你。你要转入进攻模式,大获全胜。是时候了!

也许更重要的是,我们需要你赢。你的合作伙伴、客户和股东需要你赢。我们希望至少本书能说服你迎接时代赋予你的这个巨大挑战。你的领导力传奇源于改变公司的意愿和能力,去想象和致力于一个公正的、普惠的、可持续的未来。如果一家创业企业有了一个创新性的想法,他们必须筚路蓝缕才可能变想法为现实。但是,如果成熟企业有了同样的想法,便可以投入资源,让新产品快速规模化,让变化很快发生——不管这个点子是在供应链中节约用水,还是降低可再生资源的成本,或者是增加金融服务产品的普惠性和便利性。

现在就是你采取行动的时机。我们相信你。

大卫、克里斯蒂娜和 Bionic 团队
david@onbionic.com
christina@onbionic.com

致谢

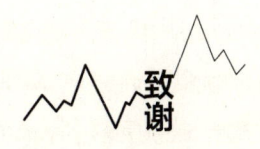

首先要感谢贝丝·康斯托克的友情和她的洞见，这本书少了她就不可能问世。她激励了 Bionic 的创办，也激发了后来增长操作系统概念的诞生。我们还要对安妮·伯克维奇表达深深的感激之情，她是 Bionic 的联合创始人，大卫的陪练伙伴，也是本书早期草稿的出色编辑。还有一位早期读者珍妮丝·弗雷泽（Janice Fraser），她对行文和标点符号都提出了出色的建议，她还是后半部分关于人力资源和团队章节的主要的内容贡献者。苏珊·格林（Susan Green）一直以来都在推动着本书的诞生——她巧妙地安排大卫的日程，保证我们能在他经营 Bionic 公司、为人父和为人夫的同时挤出访谈和写作的时间。

我们还要感谢一长串的人——Bionic 的创业者、

投资伙伴、产品经理、调研员、分析师和客户经理们。不管是否在职，他们都用其增长操作系统的相关经验为本书贡献了内容。他们是：戈弗雷·巴库里（Godfrey Bakuli）、莱斯利·布拉德肖（Leslie Bradshaw）、玛格·布拉希尔（Margot Brassil）、格雷格·布罗迪（Greg Brody）、凯蒂·陈邦（Katie Chanpong）、欧文·戴维斯（Owen Davis）、马可辛·弗里德曼（Maxine Friedman）、约翰·杰拉西（John Geraci）、薇薇·戈德斯坦（Viv Goldstein，她在通用电气时就与我们合作了FastWorks项目）、丹尼尔·希尔德布兰特（Danielle Hildebrandt）、汉尼·辛迪（Hanny Hindi）、卡洛琳·河里巴尔（Caroline Hribar）、艾玛·英博（Emma Imber）、丹尼斯·琼斯（Dennis Jones）、林德赛·卡茨（Lyndsay Katz）、朱丽叶·拉蒙塔尼（Juliette LaMontagne）、阿比盖尔·罗杰斯－伯纳（Abigail Rogers-Berner）、斯蒂芬妮·肖特（Stephanie Schott）、凯文·施罗德（Kevin Schroeder）、金伯利·斯凯尔顿（Kimberly Skelton）、格雷厄姆·史密斯（Graham Smith）、贾尼丝·森佩尔、里克·史密斯、艾瑞尔·斯坦劳夫（Ariel Steinlauf）、还有凯蒂·蒂尔森（Katie Tilson）。我们还要感谢Bionic实验室的团队成员们：赞恩·亚伯拉罕（Zayne Abraham）、泰斯·丹尼森（Tess Dennison）、埃里克·弗赖塔格（Eric Freitag）、乔丹·克兹（Jordan Kerzee）、布朗森·麦金利（Bronson McKinley）和KJ.赛特林（KJ Zeitlian），感谢你们优异的设计和网络开发支持。

我们还想感谢本书写作之旅中一路随行的伙伴们，尤其是为增长操作系统做出过极大贡献的那些伙伴：林赛·阿加拉斯

致谢

（Lindsey Argalas）、尼娜·巴顿（Nina Barton）、奇普·伯格（Chip Bergh）、克里斯·博克曼（Chris Boeckerman）、黛比·布拉克恩（Debbie Brackeen）、卡洛斯·布里托（Carlos Brito）、安娜·波金（Ana Botin）、特里·布雷森纳姆（Terri Bresenham）、瓦妮莎·科莱拉、迈克·科尔巴特（Mike Corbat）、克里斯托弗·克莱恩（Christopher Crane）、佩德罗·厄普（Pedro Earp）、凯希·费希、埃里克·格布哈特（Eric Gebhardt）、约翰·戈斯帕奇（John Gerspach）、约翰·哈特（John Hart）、蒂姆·霍齐（Tim Hockey）、布莱恩·霍夫（Brian Hoff）、戴碧·霍普金斯、凯特·约翰逊（Kate Johnson）、汉娜·琼斯（Hannah Jones）、凯里·科拉贾（Carey Kolaja）、贾德·林维尔、罗伯特·洛克（Robert Locke）、蒂姆·努南（Tim Noonan）、乔治·奥利弗、帕特里克·奥瑞丹（Patrick O'Riordan）、马克·帕克（Mark Parker）、朱莉·赛泽（Julie Setser）、洛伦佐·西蒙内里、大卫·泰勒，还有杰克·赛耶（Jack Thayer）。

我们要把感激献给我们的顾问们，他们不断推动着我们思考并在发展过程中更上一层楼。他们是：桑尼·贝茨（Sunny Bates）、兰德尔·彼尔德（Randall Beard）、马克·邦切克（Mark Bonchek，是他最先想到了"从新到大"这一概念）、布鲁斯·布朗（Bruce Brown）、宝林·布朗（Pauline Brown）、亚当·格兰特、苏珊·莱恩（Susan Lyne）、斯坦利·麦克里斯特尔将军（Gen. Stanley McChrystal）、高塔姆·穆坤达（Gautam Mukunda）、温迪·墨菲（Wendy Murphy）、埃里克·莱斯、吉姆·斯坦格尔（Jim Stengel）和杰夫·沃克（Jeff Walker）。

感谢尼克·贝姆、蒂姆·张（Tim Chang）、克里斯·迪克森（Chris Dixon）、罗杰·艾伦伯格（Roger Ehrenberg）、布拉德·菲尔德（Brad Feld）、克里斯·弗拉里克（Chris Fralic）、大卫·赫斯（David Hirsch）、里克·海茨曼（Rick Heitzmann）、里德·霍夫曼、詹姆斯·华金（James Joaquin）、埃里克·佩利、克里斯·萨卡、大卫·提斯（David Tisch），还有阿尔伯特·温格，感谢你们的无私奉献，感谢你们作为资深投资人那得来不易的学识经验，感谢你们在研究阶段接受访谈并提供后续材料。最后，特别感激克里斯蒂娜的写作伙伴和研究助理萨利·麦格劳（Sally McGraw），你让我们受益颇多。（如果你要写作商业类图书，聘请她当助理是明智之选。）

感谢我们在 Currency 的合作伙伴：罗杰·肖尔（Roger Scholl）、蒂娜·康斯特布尔（Tina Constable），还有他们出色的团队。当然我们不能忘记感谢大卫·布莱克经纪公司的乔伊·图特拉（Joy Tutela），她是所有作家都梦寐以求的经纪人，再次感谢你和我们共度这个疯狂的合作过程。

无论本书有什么缺陷，我们都在这里提前道歉。如果你能找到一些亮点，甚至在阅读中愿意就书中的一些观点在书页的空白处写下笔记，那么这些值得分享的观点很可能来自我们在此提到的这些人的集体智慧和工作。

最后，我们无比感谢宽容的家人们，你们容忍本书的写作多次打乱家庭生活，自始至终支持我们的这个努力。乔安娜·泽尔斯特拉（Johanna Zeilstra）、杰克（Jack）、史蒂芬（Stephen），还有卢卡斯·基德（Lucas Kidder），感谢你们的包容和善待，让我们发现自己的潜能，让我们能为使命感而活，虽然代价是牺牲一些和家人在一起的时间（我深爱着你们）。查斯·凯里（Chas Carey）和家里的植物奥多·德·卡雷拉斯（Odo de Carelace）及沃特（Wort），克里斯蒂娜对你们的爱胜过你们的想象。

术语表

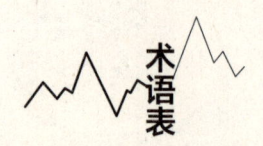

10 倍效果（10x）：某个产品或解决方案优于客户目前产品的程度达到了指数级别（"10 倍"）。

左右开弓的领导者（ambidextrous leader）：指的是这样的领导者，他不仅在现有业务上是技能熟练的运营者，还能不断开创新业务；不仅能驾驭"从大到更大"，也能驾驭"从新到大"。

滩头客户（beachhead customers）：这类客户是一个新产品或服务最先赢取的客户群——在赢得他们后，新产品或服务才会进一步扩展到更广泛的市场。

联合创始人（cofounder）：指一个 OA 项目组成员或者企业内部创业者。

业务本质（commercial truth）：有充分证据支持的业务认知，这些认知通常来自测试和观察客户行为，而不是轻信客户在调研中所说的内容。

高管赞助人（Executive Sponsor）：指的是指导联合创始人的高管。此人要推动团队思考，鼓励他们迎接验证工作的严峻挑战，并清除创新道路上的路障。

外部投资合伙人（External Venture Partner，简称 EVP）：指的是一位经验丰富的创业者或早期投资人，他把外部创新者对创业机会的独立视角带入增长委员会。

增长委员会（Growth Board）：此委员会的设立是为了在组织内部建立一种指导机制，负责审批、资助创新项目，并为其代言。本质上这是一个内部投资基金，它负责投资企业内部创业者，管理增长投资组合。

增长操作系统/增长 OS（Growth OS）：组织内部建立的一种运作和思维体系，让创新者有一套统一的方法论来进行有效的创新、推动业务增长。

机会地带（Opportunity Area，简称 OA）：是指通过探究新的客户行为和需求与新技术及趋势的交集，从而发现的存在新增长机会的领域。

运营团队（Ops Team）：指的是一群充满创意的问题解决者，他们负责推动增长 OS 的运作及其在组织内部的规模化。

"干活的"和"推动者"（players and promoters）：干活的，指的是那些 100% 投入增长 OS 项目的人，如联合创始人。推动者，指的是那些部分参与增长 OS 项目，但也起关键作用的人，如市场部和财务部等支持部门的人，他们可以让"干活的"工作得更顺畅。

独家优势（proprietary gift）：指的是某个企业或机构可赖以实现增长的特殊能力。

潜在市场规模（Total Addressable Market，简称 TAM）：指的是某个产品或服务的市场需求总量，该容量是提供该产品或服务的公司理论上可以合理获取或触及的。

潜在问题规模（Total Addressable Problem，简称 TAP）：指的是针对一个客户问题的全新解决方案可以估算出来的市场需求总量，假设该方案的价格是可行的。

僵尸项目（zombies）：指的是某些已经失败，却还在不断消耗公司的人才和资源的项目——公司里几乎没有人能够枪毙掉它们，除非有人愿意且能够去克服公司内部的复杂政治、面对质疑，并承受职业发展的负面影响。

图书在版编目（CIP）数据

增长维艰：成熟企业如何实现持续增长 / (美) 大卫·S.基德,(美) 克里斯蒂娜·华莱士著；李东,姜跃平译. -- 北京：北京联合出版公司,2022.2
书名原文：New to Big
ISBN 978-7-5596-5806-7

Ⅰ.①增… Ⅱ.①大… ②克… ③李… ④姜… Ⅲ.①企业管理—研究 Ⅳ.①F272

中国版本图书馆CIP数据核字(2021)第277583号

NEW TO BIG
By David S. Kidder and Christina Wallace
Copyright © 2019 by TGOS LLC
Published by arrangement with TGOS LLC, c/o Black Inc., the David Black Literary Agency
through Bardon-Chinese Media Agency
Simplified Chinese translation copyright © 2022
by Hangzhou Blue Lion Cultural & Creative Co., Ltd.
ALL RIGHTS RESERVED

增长维艰：成熟企业如何实现持续增长

作　　者：[美]大卫·S.基德　克里斯蒂娜·华莱士
译　　者：李　东　姜跃平
出 品 人：赵红仕
责任编辑：李　伟
封面设计：王梦珂

北京联合出版公司出版
（北京市西城区德外大街83号楼9层　100088）
北京联合天畅文化传播公司发行
北京美图印务有限公司印刷　新华书店经销
杭州真凯文化艺术有限公司制版
字数250千字　880毫米×1230毫米　1/32　7.75印张
2022年2月第1版　2022年2月第1次印刷
ISBN 978-7-5596-5806-7
定价：62.00元

版权所有，侵权必究
未经许可，不得以任何方式复制或抄袭本书部分或全部内容
本书若有质量问题，请与本公司图书销售中心联系调换。
电话：010-65868687　010-64258472-800